Karl H. Müller

Informationen aus dem Jenseits

Karl H. Müller

Informationen aus dem Jenseits

Eine Studie über mediale Mitteilungen

Turm Verlag · Bietigheim

ISBN 3 7999 0207 4

Gesamtgestaltung:
Creativ Werbe- und Verlagsgesellschaft mbH.,
Ulrich Kolb, Stuttgart 80

Inhaltsverzeichnis

Einleitung

Wir leben in einer Raum-Zeit-Welt. Unsere Sinneswahrnehmungen und unsere Vorstellungen basieren auf vier Dimensionen. Eine fünfte oder höhere Dimension liegt außerhalb unseres Vorstellungsvermögens. Wir neigen daher dazu, ihre Existenz als unwirklich zu betrachten.
Bei Phänomenen, die sich nicht aufgrund der vier Dimensionen und der kausalen Abläufe erklären lassen, beschränken wir uns im allgemeinen auf eine Beschreibung. Erklärungsversuche, die die Existenz höherer Dimensionen, also eine Transzendenz voraussetzen, werden gern zurückgestellt zugunsten der Hoffnung, bei weiterem Bemühen die Erklärung auf der Basis des kausalen Raum-Zeit-Denkens zu finden.
Zögernd beginnen Physiker, sich mit der fünften und der sechsten Dimension zu beschäftigen. Ob es gelingen wird, eine fünf- oder sechsdimensionale Physik zu entwickeln, mag offenbleiben. Zum Sammelbegriff »Wirklichkeit« gehören jedoch Begriffe wie »Leben«, »Seele«, »Geist«, »Freiheit des Willens«, »Sinn des Daseins« u. a.
Antworten auf Fragen zu diesen Themen werden im wesentlichen von den Geisteswissenschaften und weniger von den Naturwissenschaften erwartet. Beide können jedoch nur unvollkommene Antworten geben. Auch von seiten der Geisteswissenschaften besteht Zurückhaltung gegenüber dem Transzendenzbegriff. Transzendente Informationsquellen werden kaum beachtet. Die notwendige Erweiterung unserer Erkenntnis im transzendenten Bereich, die Erforschung der fünften und sechsten Dimension, bedarf – wie es scheint – gemeinsamer Bemühungen von Geistes- und Naturwissenschaften. Die von beiden Wissenschaftszweigen bisher weitgehend nicht verwendeten umfangreichen, meist gut dokumentierten »medialen Mitteilungen« könnten hier, vielleicht, zu neuen Erkenntnissen führen.

A Mediale Mitteilungen als Erkenntnisquelle

Eine wesentliche Quelle wissenschaftlicher Erkenntnis ist die Empirie, sowohl die Erfahrung aus dem Ablauf des natürlichen Geschehens als auch die aus dem künstlich herbeigeführten Geschehen, dem Experiment.

Neben den direkten Erfahrungen des Erkennenden, bezogen auf das Erkennungsobjekt, nehmen die indirekten Erfahrungen, die Berichte anderer, einen breiten Raum ein. Als Beispiele hierfür seien genannt die Erkenntnisse in der Medizin, der Psychologie und besonders in den historischen Wissenschaften. Im folgenden soll auf von der Wissenschaft bisher wenig beachtete indirekte Erfahrungen hingewiesen werden, die sich als »mediale Mitteilungen« darbieten.

Ausgehend von der Unterstellung, daß es außer der vierdimensionalen Raum-Zeit-Welt eine höherdimensionale jenseitige Welt gibt, soll unter der Bezeichnung »mediale Mitteilung« das Phänomen der »Nachrichten aus dem Jenseits« verstanden werden. Hierbei wird angenommen, daß Nachrichten verschiedenster Art, ausgehend von jenseitigen Geistwesen – Kommunikatoren genannt – über paranormal veranlagte Menschen – Medien genannt – an bestimmte Adressaten gerichtet werden können. Mitteilungen medialer Art waren und sind als volkstümliche Erkenntnisquelle weithin bekannt und haben in der praktischen Weltanschauung vieler Menschen ihren festen Platz.

Warum jedoch die »medialen Mitteilungen« von der offiziellen Wissenschaft so wenig beachtet und als Erkenntnisquelle nicht anerkannt wurden, und wie man diese Erkenntnismöglichkeiten erschließen könnte, soll im Teil A dieser Studie beleuchtet werden.

1 Die Kontroverse »Animismus–Spiritismus«

Die Frage, ob das Phänomen der medialen Mitteilung echt ist, d. h. ob es bei wissenschaftlicher Prüfung als wirkliche Nachricht von jenseitigen Geistwesen bestätigt werden kann, oder ob es, abgesehen von Betrug und Selbsttäuschung, andere Erklärungen dafür gibt, ist seit langer Zeit Gegenstand lebhafter Diskussionen. Von Aksakow wurden Ende des 19. Jahrhunderts für diese unterschiedlichen Auffassungen die Bezeichnungen »Animismus« und »Spiritismus« geprägt und in den wissenschaftlichen Sprachgebrauch eingeführt.

Die kontroversen Argumente

Öffentliches Leben und private Sphäre waren im Altertum durch das Wirken von Propheten, Mystikern, Magiern und Zauberpriestern wesentlich mitgeprägt. Die Kommunikation mit der Geisterwelt, der guten wie der bösen, galt als etwas Alltägliches. Der Glaube, daß jenseitige Mächte das menschliche Dasein beeinflussen, war fest verwurzelt. An der Fähigkeit bestimmter Menschen, Geister rufen oder bannen zu können, bestand kein Zweifel.

Der Geister- und Dämonenglaube steigerte sich im Mittelalter bis zu den Exzessen der Hexenverbrennungen auf der einen Seite, während Engelsglaube und Heiligenverehrung auf der anderen Seite zu Meisterwerken der sakralen Kunst führten.

Zu Beginn der Aufklärung siegten Verstand und Vernunft über den Aberglauben und erschütterten zugleich den religiösen Glauben. In der rationalen Denkweise der Philosophen dieser Zeit hatte die Geisterwelt keinen Platz, da sie nicht beweisbar war.

Kant schloß in seine philosophischen Betrachtungen auch die Frage nach der Existenz der Geisterwelt mit ein (1). Er kam zu einer unentschiedenen Stellungnahme. Erst im 19. Jahrhundert, parallel zur Entwicklung von Materialismus und Positivismus, die auch den Transzendenzbegriff verwarfen, rückte das Geisterproblem in die Nähe der experimentellen Wissenschaft. Gegenstand des Forschungsinteresses waren im wesentlichen die Spukerscheinungen und die Séancen.

An der Faktizität dieser Phänomene wurde von den Forschern nicht gezweifelt, da viele gut dokumentierte Berichte vorlagen und paranormale Experimente als möglich erkannt wurden. Kontroverse Meinungen entstanden bezüglich der Erklärung der beobachteten Erscheinungen.

Die Vertreter der animistischen Hypothese glaubten, alle beobachteten Fakten, die als Beweis für die Existenz von Geistwesen angesehen wurden, tiefenpsychologisch erklären zu können, während die Vertreter der spiritistischen (spiritualistischen) Hypothese (2) der Meinung waren, daß eine Reihe von Beobachtungen nur durch die Annahme der Existenz von Geistwesen befriedigend erklärt werden konnte (3) (4). Die Kontroverse dauert bis zur Gegenwart an.

Bei den von animistischer Seite gegebenen Erklärungen der bei Spukerscheinungen und Séancen auftretenden paranormalen Phänomene werden Telepathie, Telekinese und Präkognition als erwiesen betrachtet. Es wird unterstellt, daß diese sogenannten Psi-Eigenschaften in mehr oder weniger ausgeprägter Form bei jedem Menschen vorhanden sein können. Da die genannten Psi-Eigenschaften im allgemeinen nur selten und meistens auch nur spontan und mit geringer Wirkungskraft auftreten, wird angenommen, daß Medien und Menschen in besonderen psychischen Spannungszuständen über diese Eigenschaften relativ häufig und mit erheblich größerer Wirkungsstärke verfügen.

Nach spiritualistischer Auffassung besitzen Geistwesen die erwähnten Psi-Eigenschaften in unvergleichlich höherem Maße als Menschen, dazu kommen noch andere Fähigkeiten wie Ent- und Rematerialisierung, Teleportation u. a. Bei Geistwesen sind nach spiritualistischer Auffassung diese Psi-Eigenschaften existenznotwendig und treten an die Stelle der Sinnes- und

Handlungsorgane des Menschen. Besonders ungewöhnliche paranormale Phänomene sollten daher auf die Mitwirkung von Geistwesen zurückgeführt werden.
Medien sind nach spiritualistischer Meinung nicht dadurch gekennzeichnet, daß sie mit stärkeren Psi-Kräften ausgestattet sind, sondern sie dienen aufgrund ihrer besonderen Begabung im wesentlichen als Mittler zwischen Geistwesen und Menschen, ermöglichen also eine Kommunikation zwischen Diesseits und Jenseits und ein Wirksamwerden der besonderen jenseitigen Psi-Kräfte im Diesseits.

Spuk

Zu den auffälligsten und am häufigsten beschriebenen paranormalen Phänomenen gehört der Spuk. Er tritt in vielfältiger Form auf. Gegenstände werden ohne erkennbaren Grund bewegt, deformiert oder zertrümmert. Dabei handelt es sich teilweise um zentnerschwere Objekte. Klopf- und Trittgeräusche werden vernommen, ohne daß eine Ursache festgestellt werden kann. Nebelförmige menschliche Gestalten materialisieren und verschwinden wieder; diese Erscheinungen wurden photographiert.
Das Ganze bietet häufig das Bild eines Schabernacks oder groben Unfugs. Wer es nicht erlebt hat, ist schwer zu bewegen, diese Erscheinungen für echt zu halten, und neigt dazu, alles als Aberglauben, Phantasie oder Betrug abzutun. Zahlreiche Forscher haben sich jedoch von der Faktizität dieser Phänomene überzeugt, ohne zu einer einheitlichen Erklärung gelangt zu sein (3).

Die animistische Deutung:
Es wird unterstellt, daß in allen Spukfällen der beschriebenen Art Menschen anwesend waren, die die Ereignisse verursacht haben. Für die Bewegung und Veränderung materieller Gegenstände werden telekinetische Kräfte angenommen, ebenso für die Verursachung von Geräuschen. Die ungewöhnliche teleki-

netische Wirkungsstärke wird auf besondere psychische Spannungsfelder zurückgeführt. Nach Bender (5) ergab die »psychodiagnostische Untersuchung in einem speziellen Spukfall die immer wieder festgestellten Gemeinsamkeiten spukauslösender Medien: aktuelle Konflikte, psychische Labilität, hohe kurzfristige Erregbarkeit und geringe Frustrationstoleranz, d. h. eine geringe Fähigkeit, Versagungen zu ertragen. Doch scheint es einer besonderen affektiven Gruppensituation zu bedürfen, um die seltenen psychokinetischen Entladungen solcher Spannungen auszulösen«.

Als Erklärung für die nebelhaften Materialisationen wird Seelenexkursion, ein vorübergehendes Hinaustreten eines feinstofflichen Organismus aus dem menschlichen Körper in Erwägung gezogen.

Die animistisch eingestellten Forscher sind überzeugt, daß die zur Zeit zur Erklärung der Spukerscheinungen aufgestellten Hypothesen in der Zukunft durch exakte naturwissenschaftliche Forschungsergebnisse ersetzt werden können.

Die spiritualistische Deutung:

Nach Auffassung dieser Forschungsgruppe erfolgt in wahrscheinlich allen beobachteten Fällen, mit großer Sicherheit aber bei solchen telekinetischen Vorgängen, die eine große Kraftwirkung im Kilo- oder Zentnerbereich erkennen lassen, ein Zusammenwirken zwischen einem Geistwesen und einem medial veranlagten Menschen. Hierbei ist offen, wieweit die benötigte psychische Energie von seiten des Mediums oder des Geistwesens bereitgestellt wird. Bei spukhaften Eingriffen in technisches Gerät z. B. Telefonanlagen (5) wird die Lenkungsfunktion der telekinetischen Kräfte dem Geistwesen zuerkannt, da das technische Wissensniveau des Mediums in diesem Fall überfordert gewesen wäre. Der Unfugcharakter der Spukerscheinungen wird dahingehend gedeutet, daß in solchen Fällen Geistwesen einer sehr geringen geistigen Entwicklungsstufe wirksam werden und das Medium sich auf einer ähnlichen Entwicklungsstufe befindet.

Séancen auf der Signalbasis

Nach volkstümlicher spiritistischer Auffassung gibt es eine Reihe von Möglichkeiten, mit den Geistseelen verstorbener Menschen in Kommunikation zu treten. Berichte hierüber befinden sich bereits in den ältesten Überlieferungen.

Soweit bekannt, gelang es 1848 erstmals der Familie Fox in Hydeswille, USA, mit einem Klopfspuk verursachenden vermuteten Geistwesen eine Frage-Antwort-Kommunikation zustande zu bringen (6). Der Geist antwortete nicht nur auf rhythmische Klopfzeichen, sondern ging auf den Vorschlag ein, sich durch ein alphabetisches Klopfzeichensystem verständlich zu machen. Das Geistwesen war offenbar in der Lage, die Fragen der Séance-Teilnehmer zu verstehen, konnte aber nur telekinetisch, also durch Klopfzeichen antworten. Es wurde mitgeteilt, daß es sich um die Geist-Seele eines verstorbenen früheren Einwohners des Hauses der Familie Fox handelte. Dieser Fall erregte großes Aufsehen in der Presse und in der Wissenschaft.

Seitdem sind an vielen Orten ähnliche Geister-Kommunikations-Systeme auf der Signalbasis entwickelt und verwendet worden, z. B. Tischrücken, Glasrücken, Planchette, Pendeln u. a.

Die Verständigung zwischen den angenommenen Geistwesen und den Menschen ist auf diese Weise zwar etwas mühselig, hat jedoch offenbar den Vorzug der leichteren Realisierbarkeit auch bei nur schwacher medialer Begabung der Séance-Teilnehmer. Der sogenannte landläufige Spiritismus bedient sich meistens dieser Techniken.

Animistische Deutung:

Es wird von dieser Seite unterstellt, daß alle Phänomene auf Bewirkungen von medial veranlagten Séance-Teilnehmern zurückgeführt werden können. Die Klopfsignale werden durch telekinetische Kräfte erklärt, die intelligent gesteuert werden aus dem persönlichen Unbewußten eines oder einiger Séance-

Teilnehmer oder aus dem kollektiven Unbewußten. Die gleichen Erklärungen gelten auch für die anderen Kommunikationstechniken wie: Tischrücken, Planchette usw. Die Mitwirkung von Geistwesen als Erklärung anzunehmen, wird für nicht notwendig gehalten.

Spiritualistische Deutung:
Von dieser Seite wird argumentiert, daß besonders wegen der großen Zahl der teilweise recht überraschenden Mitteilungen in den Séancen, z. B. die Aufdeckung geheimer oder intimer Vorgänge, die Mitwirkung von Geistwesen als sehr wahrscheinlich angenommen werden kann.
Im übrigen wird unterstellt, daß bei Phänomenen dieser Art, ähnlich wie beim Spuk, der Entwicklungsgrad der sich auf diese Weise meldenden Geistwesen in die niedrigen Stufen einzuordnen ist. Diese Meinung hat sich deshalb gebildet, weil nach allgemeiner spiritualistischer Erkenntnis die Psi-Eigenschaften bei den Geistwesen der niedrigen Entwicklungsstufen entsprechend weniger ausgeprägt sind und ihnen daher eine höherwertige Form der Kommunikation nicht möglich ist.

Séancen mit Schreib- und Sprechmedien

In der spiritualistischen Praxis haben Séancen, die mit Hilfe von Schreib- oder Sprechmedien ermöglicht werden, die wesentlichste Bedeutung erlangt. Nach spiritualistischer Auffassung bedienen sich in diesen Fällen jenseitige Geistwesen der geistig-seelischen und physischen Kräfte der Medien, um sich schriftlich oder mündlich mitzuteilen. Beim Schreibmedium wird die Hand des Mediums vom Geistwesen gelenkt, beim Sprechmedium die Sprachorgane. Die Medien befinden sich während dieses Vorganges teils in Volltrance, teils lediglich in einem passiven, entspannten Zustand. In vielen Fällen vernimmt das Medium nach eigenen Angaben die sogenannte Innere Stimme und gibt das Gehörte schriftlich oder mündlich wieder. Medien mit Begabungen dieser Art sind relativ selten. Die auf diese Weise übermittelten Nachrichten sind recht unterschiedlicher Art. Sie reichen von simplen Mitteilungen verstorbener Verwandter und Bekannter über helfende Hinweise und Prophezeiungen bis zu umfangreichen philosophischen und theologischen Erörterungen. Es sind auf diesem Wege vielbändige Werke entstanden.

Als besonders eindrucksvolle Beispiele können in diesem Zusammenhang drei Medien im deutschsprachigen Raum genannt werden: Jakob Lorber in Graz, 1800–1864 (7), Beatrice Brunner, Geistige Loge in Zürich, z. Zt. noch aktiv (8) (9), Grete Schröder, Wien, z. Zt. noch aktiv (10).

Animistische Deutung:

Das Ungewöhnliche der beobachteten Fakten und die Schwierigkeiten einer animistischen Deutung werden nicht verkannt. Dennoch glaubt man, daß die erst am Anfang stehende tiefenpsychologische Forschung die nötigen Erklärungen für die bei Séancen mit Schreib- und Sprechmedien auftretenden Erscheinungen liefern wird.

Die häufig sehr überraschenden medialen Mitteilungen über spezielle Vorgänge, Situationen und Erlebnisse, die nur dem Kommunikator und dem Adressaten bekannt sein konnten, werden durch erweiterte Telepathie erklärt. Das Medium »zapft« im Trancezustand das Unterbewußtsein des Adressaten oder einer anderen Person an, die über das entsprechende Wissen verfügt. Auch die im spiritualistischen Sinne als sehr beweiskräftig angesehenen verteilten Botschaften, die sogenannten Kreuz-Korrespondenzen, bei denen sich ergänzende Teilstücke eines Gesamttextes über mehrere, meist weit entfernt voneinander wohnende Medien mitgeteilt wurden, werden durch erweiterte und intensivierte Telepathie erklärt.

Die beeindruckenden literarischen Leistungen der Schreib- und Sprechmedien glaubt man durch die Aktivierung außergewöhnlicher schöpferischer Kräfte und übergreifender Phantasie im unbewußten Bezirk der Seele des Mediums deuten zu kön-

nen oder auch als das Inerscheinungtreten einer positiven Spaltpersönlichkeit. Außerdem glaubt man eine Wechselwirkung zwischen dem persönlichen Unbewußten und dem kollektiven Unbewußten annehmen zu dürfen.
Auf diese Weise könnte auch die erstaunliche Tatsache erklärt werden, daß Schreib- und Sprechmedien häufig nie gelernte, teilweise sehr alte Fremdsprachen sprechen oder nie gelerntes Wissen präsentieren (Xenoglossie).

Spiritualistische Deutung:
Von der Erkenntnis ausgehend, daß Psi-Eigenschaften beim Menschen nur in geringfügiger Wirkungsstärke und nur spontan auftretend beobachtet wurden, werden die animistischen Erklärungen für die medialen Leistungen der Schreib- und Sprechmedien als unwahrscheinlich betrachtet. Nach allgemeiner spiritualistischer Auffassung sind die Kommunikatoren solcher Schreib- und Sprechmedien hochentwickelte Geistwesen, deren Verhalten von einer entsprechenden Ethik geprägt und durch jenseitige Gesetze bestimmt ist. Nur diesen hochentwickelten Geistwesen sind im allgemeinen die Psi-Eigenschaften gegeben, die notwendig sind, sich in der genannten Form mitzuteilen. Nach der spiritualistischen Erkenntnis, daß Gleiches von Gleichem angezogen wird, sind auch die entsprechenden Medien einer höheren Reifungsstufe zuzuordnen.
Insbesondere wird darauf hingewiesen, daß die in großer Zahl dokumentierten telepathischen und rekognitiven Leistungen, die zur Aufdeckung verborgener Zusammenhänge und Ereignisse bei der Kommunikation mit den Geistseelen verstorbener Verwandter und Bekannter geführt haben, nur bei Einhaltung der für die Durchführung von Séancen dieser Art gültigen Bedingungen auftraten. Telepathische Eigenschaften dieser Wirkungsintensität wären, angewendet auf politische, wirtschaftliche, kriminelle und wissenschaftliche Probleme, von größter Bedeutung. Zu solchen Leistungen waren die Medien von sich aus jedoch nicht befähigt, wenn die jenseitigen Kommunikatoren Mitteilungen solcher Art nicht für zulässig hielten.

Das gleiche gilt als Argument gegen die animistische Deutung der beachtenswerten literarischen und wissenschaftlichen Leistungen der Schreib- und Sprechmedien. Wenn es den Medien ohne die Hilfe von Geistwesen möglich wäre, Leistungen dieser Art zu vollbringen, insbesondere auch Fremdsprachen und Fremdwissen zu produzieren, so wären diese Eigenschaften von so großer allgemeiner Bedeutung, daß man längst irgendwo den Versuch gemacht hätte, sie zu nutzen oder – was näher liegt – sie zu mißbrauchen.

Dies war jedoch nicht möglich, weil in den Fällen, in denen das Medium zustimmte, die jenseitigen Kommunikatoren es nicht zuließen.

Als besonders überzeugender Beweis für die Existenz von hochentwickelten Geistwesen wird es angesehen, daß bei Erfüllung bestimmter Randbedingungen die Möglichkeit besteht, über die genannten Medien im Rahmen gegebener Kompetenz- und Erlaubnisgrenzen wissenschaftliche Fragen an die Kommunikatoren zu richten und aufschlußreiche Antworten zu erhalten.

Geist- und Wunderheilungen

Die Wunderheilungen, von denen das Neue Testament berichtet, nehmen zweifellos einen besonderen Rang ein und sind mit anderen ähnlichen Heilungen nicht vergleichbar, da Jesus als Gottes Sohn über göttliche Kräfte verfügte.

Es wird aber im Neuen Testament auch gesagt, daß einigen Jüngern die Gabe verliehen wurde, durch Handauflegen allerlei Krankheiten zu heilen.

Man würde diese Fähigkeiten und Vorgänge heute »Geistheilung« nennen.

In der christlichen Historie sind die Namen vieler Heiliger verzeichnet, die Heilungen auf rein geistige Art, ohne Medikamente und Operationen, vollbrachten. An den Wallfahrtsorten, wie z. B. Lourdes, geschehen fast täglich Geist- und Wunderheilungen, die zum Teil von der Kirche sorgfältig dokumentiert werden.

Großes Aufsehen erregen seit einiger Zeit die Geistheiler auf den Philippinen, die ohne Instrumente und Medikamente, allein durch die Ausstrahlung ihrer Hände Operationen durchführen, ein Vorgang, der Logurgie genannt wird. Die philippinischen Logurgen sind meistens katholischen Glaubens. Sie fühlen sich bei ihren Operationen nur als Mittler und führen ihre Kräfte und ihr Können auf die Einwirkung von Geistwesen zurück. Die Heilungsphänomene auf den Philippinen werden seit Jahren von Wissenschaftlern untersucht (11) (12). Auch in den westlichen Industrienationen gibt es viele religiöse Vereinigungen und auch Einzelpersönlichkeiten, die sich mit der Geistheilung befassen und nach eigenen Angaben wesentliche diagnostische und therapeutische Erfolge aufzuweisen haben.

Als Beispiel sei der kürzlich verstorbene englische Geistheiler Harry Edwards genannt und die von ihm ins Leben gerufene NATIONAL FEDERATION OF SPIRITUAL HEALERS (NFSH), in Deutschland: Deutsche Vereinigung für Geistheilung (Deutsche Harry-Edwards-Bewegung) (13).

Die von ihm und seinen Mitarbeitern erzielten Heilungserfolge sind bemerkenswert. Nach seinen Angaben muß die Geistheilung vom Religiösen her verstanden werden. Zum Geistheiler geeignet sind nach seiner Darstellung nur medial veranlagte Menschen, die in ihren Strebungen von einer allgemein religiösen, opferbereiten Grundhaltung geprägt sind und die Heilungstätigkeit nicht des materiellen Gewinnes wegen ausüben.

Ähnlich wie die Logurgen auf den Philippinen empfinden sich diese Geistheiler lediglich als Mittler zwischen jenseitigen Heilungsführern und den Patienten.

Eine Anerkennung der Geistheilung durch die Schulmedizin steht in Deutschland noch aus im Gegensatz zu England.

Die Beispiele für Geist- und Wunderheilungen lassen sich vielfältig ergänzen.

Animistische Deutung:
Geistheilungsphänomene sind im wesentlichen autosuggestiv zu erklären und dem medizinischen Teilgebiet der Psychosomatik zuzuordnen. Es besteht keinerlei Veranlassung, als Erklärung das Einwirken jenseitiger Geistwesen anzunehmen. Eine von den Händen gewisser Personen ausgehende biologischwirksame Ausstrahlung ist Gegenstand weiterer Untersuchungen. Sogenannte Wunderheilungen sind durch zufälliges Zusammenwirken für den Heilungsvorgang günstiger Faktoren zu erklären.

Spiritualistische Deutung:
Sowohl bei den Wunderheilungen derart, wie sie z. B. in Lourdes stattfinden, als auch bei den Operationen der Logurgen auf den Philippinen, ganz besonders aber bei Geistheilungen, wie sie u. a. Harry Edwards vollbracht hat, kommt das medizinische Wissen und die Heilungskraft mit großer Sicherheit von jenseitigen Heilungsführern, die einer hohen Sphäre angehören (13).
Die beteiligten Geistheiler, die man in diesen Fällen zu den Berufenen und Charismatikern zählen muß, sind, wie sie selbst angeben, nur Mittler. Es sind ganz selten Ärzte, die solche Geistheilungen ausführen, sondern fast ausschließlich Laien. Bei den Diagnosen, die in vielen Fällen im Trance-Zustand durch den Geistheiler gegeben werden, kommt häufig Xenoglossie vor, d. h. es werden medizinische Fachausdrücke mitgeteilt, die dem Geistheiler nachweislich nicht bekannt sind und von ihm nicht verstanden werden, wohl aber vom Patienten, besonders wenn sich Ärzte vom Geistheiler behandeln lassen. Die zahlreichen Heilungserfolge in Fällen, die von der Schulmedizin als hoffnungslos aufgegeben wurden, können nicht als Zufall erklärt werden.

Besessenheit und Befreiung

Eines der am heftigsten umstrittenen Phänomene ist die Besessenheit durch Dämonen und die Möglichkeit, solche Dämonen auszutreiben.

In der Bibel ist an verschiedenen Stellen hierüber berichtet. Nach katholischer Lehre ist Besessenheit auf die Einwirkung eines bösen Geistes zurückzuführen, der dem besessenen Menschen gesundheitlich oder seelisch Schaden zufügen will. Die Befreiung, die Austreibung dieser bösen Geister, wird von besonders dazu ermächtigten Geistlichen durchgeführt unter Verwendung einer speziellen Formel, des RITUALE ROMANUM.

Der Zustand der Besessenheit äußert sich beim Menschen durch eine besondere Art von Geistesstörung, z. B. durch aggressives Verhalten, lästernde Reden, Nichtansprechbarkeit u. a. Besessene Personen können ihren Beruf nicht ausüben und nehmen meistens gesundheitlichen Schaden.

Animistische Deutung:

Besessenheit ist eine Erkrankung, die dem Bereich der hysterischen Phänomene zuzuordnen ist. Es tritt eine Bewußtseins- oder Persönlichkeitsspaltung auf. Verborgene Persönlichkeitselemente, die im Normalzustand nicht zur Auswirkung gelangen, verselbständigen sich und treten als Spaltungspersönlichkeit in Erscheinung. Diese Krankheit bedarf der medizinischen Behandlung und nicht des Exorzismus oder einer Befreiung.

Spiritualistische Deutung:

Es handelt sich bei der Besessenheit nicht um eine Persönlichkeitsspaltung, sondern um eine Verdoppelung oder Vervielfältigung der Persönlichkeit. Die Geist-Seelen verstorbener, in ihren Strebungen noch sehr erdverbundener Menschen, häufig solche von verstorbenen Verwandten oder Bekannten, ergreifen Besitz von dem Menschen, teilweise in wohlwollender, teilweise in übelwollender Absicht. Es kommt auch vor, daß mehrere Geistwesen zugleich sich eines Menschen bemächtigen.

Befreiung ist in vielen Fällen möglich, bedarf jedoch der Mitwirkung einer medial veranlagten Person, weil sich Geistwesen häufig, auch bei gutem Willen, aus eigener Kraft von dem Besessenen nicht wieder trennen können. Zur Verhinderung eines Rückfalles nach erfolgter Befreiung bedarf es der Mitarbeit eines hochentwickelten jenseitigen Geistwesens, um dem Geistwesen, das die Besessenheit verursacht hat, behilflich zu sein, im Jenseits den adäquaten Weg zu gehen (10) (14).
Der befreite Mensch bedarf häufig einer psychologischen Betreuung, um einer neuen Besessenheit durch ein anderes fehlentwickeltes Geistwesen vorzubeugen.
Es lassen sich gewisse psychische Eigenschaften erkennen, die eine Besessenheit begünstigen, wie Labilität, Passivität, Süchtigkeit u. a.
Jede mediale Kommunikation ist eine temporäre Besessenheit. In diesen Fällen kennt jedoch das Geistwesen die Belastbarkeitsgrenzen des Mediums. Wenn dies nicht der Fall ist, wenn nicht ausreichend hochentwickelte Geistwesen als Kommunikatoren in Erscheinung treten, kommt es gelegentlich in Séancen zu störenden Besessenheitsphänomenen. Dies kann sich sowohl für die Medien als auch für die Séance-Teilnehmer schädlich auswirken.

Phasen der Erkenntnis

Die Kontroverse »Animismus–Spiritismus« wurde nicht ohne Leidenschaft geführt. Es war und ist das besondere Anliegen der Animisten, jede Spur von Geisterglauben aus diesem Bereich der Wissenschaft zu entfernen und bei der Faktizitätsanalyse paranormaler Phänomene einen naturwissenschaftlichen Maßstab anzulegen. Die animistischen Erklärungsversuche für die verschiedenen dargestellten Erscheinungen basieren daher im wesentlichen auf der Annahme des Vorhandenseins noch nicht genügend bekannter Eigenschaften der Tiefenseele des Menschen. Die Anerkennung der Existenz der Geisterwelt

wurde und wird als Aberglauben empfunden und mit einer nicht zu verkennenden Leidenschaft abgelehnt.
Emotionen widersprechen zwar dem Prinzip einer objektiven Grundhaltung bei wissenschaftlichen Arbeiten, sind jedoch offenbar nie ganz zu vermeiden.
Auf spiritualistischer Seite wurde und wird leidenschaftlich die Meinung vertreten, daß die Summe der subjektiven Erkenntnisse und die zahllosen, gut dokumentierten Fakten im Laufe der Zeit zu einer Hinweisverdichtung geführt haben, die als Beweis anerkannt werden kann, ohne sich dem Vorwurf auszusetzen, einem Aberglauben, einer Täuschung oder einem Betrug erlegen zu sein.
Auf beiden Seiten befindet sich der Vorgang der Erkenntnis, wie es scheint, noch vielfach in der Phase des Erfaßtseins und noch nicht in der des Erfassens. Die Animisten sind von der Empörung über die Behauptung erfaßt, es gäbe im Naturgeschehen etwas, das dem Experiment nicht zugänglich sei. Die Spiritualisten hat die Entdeckerfreude erfaßt, eine Spur gefunden zu haben, die ihrer Meinung nach ein Stück näher an die transzendente Wahrheit heranführt. Der mangelnde Konsensus zwischen Animisten und Spiritualisten hat offenbar dazu geführt, daß sich allgemein die Erkenntnis der Forschungsnotwendigkeit auf diesem Gebiet noch nicht genügend ausgeprägt hat.
Diese Zurückhaltung der öffentlichen Forschung gegenüber den genannten Problemen einerseits und die umfangreichen allgemeinen Publikationen andererseits haben leider zu einer Meinungsvielfalt geführt, die den Verdacht erregt, daß sich abergläubische Komponenten eingeschlichen haben. Hierdurch wiederum wird die Zurückhaltung der offiziellen Forschung nicht aufgelockert, sondern verständlicherweise verstärkt.

2 Wege zur Auflösung der Kontroverse »Animismus–Spiritismus«

Es ist zu erwarten und gelegentlich auch schon zu beobachten, daß in der kontroversen Auseinandersetzung die emotionale Phase durch eine objektive abgelöst wird. Es wäre sehr ungewöhnlich in der Geschichte der wissenschaftlichen Erkenntnis, wenn die Vertreter kontroverser Meinungen auf die Dauer nicht bereit wären, von Fall zu Fall auch die Argumente der Gegenseite als Hypothese anzuerkennen. Diese Bereitschaft zur Objektivität stellt sich meistens um so eher ein, je größer der Forschungsaufwand und die Zahl der Forscher ist, die sich mit der Lösung eines Problems befassen. In den meisten Fällen dürften sich wissenschaftliche Kontroversen ähnlicher Art durch ein »Sowohl-Als-auch« aufgelöst haben.

Die ungelöste Kontroverse »Animismus–Spiritismus« hat bewirkt, daß den umfangreichen geistigen Hinweisen und Leistungen, die in den zahlreichen medialen Schriften enthalten sind, von seiten der offiziellen Wissenschaft fast keine Beachtung geschenkt wurde.

Da weder bewiesen werden kann, daß es Geistwesen gibt, noch, daß es keine gibt, die Existenzwahrscheinlichkeit also mindestens 50 Prozent beträgt, sollte nicht darauf verzichtet werden, die Aussagen dieser angeblichen Geistwesen so zu analysieren, als ob ihre Existenz zu 100 Prozent bewiesen wäre.

Die neuzeitlichen medialen Mitteilungen bedürfen ebenso wie die Quellen, die zur Zusammenstellung der Bibel geführt haben, der kritischen Analyse sowie einer anschließenden Anerkennung oder Ablehnung. Dieses Bemühen um die Beurteilung von medialen Mitteilungen sollte transparent und nachvollziehbar sein. In diesem Sinne sollte die mediale Literatur in wesentlich größerem Umfang durchforscht und klassifiziert werden, als der Rahmen dieser Studie dies gestattet. Wie bei jeder Literaturbetrachtung mußte auch für diese Studie eine nach geeigneten Kriterien durchgeführte Auswahl getroffen werden.

Im Teil B sollen Elemente einer jenseitsbezogenen Weltanschauung zur Darstellung kommen, die zehn entsprechend ausgewählten medialen Quellen entnommen wurden. Die erstrebte Kürze dieser Studie erforderte eine Beschränkung auf Kernsätze möglichst ohne Kontext.
Es zeigte sich, daß in den zehn zugrunde gelegten medialen Werken eine deutliche Aussagenkonkordanz, bezogen auf die weltanschaulichen Probleme, zu erkennen war.
Eine Ausdehnung der Untersuchungen auf die weiteren hierfür in Betracht kommenden medialen Schriften würde die Zahl der konkordanten medialen Aussagen mit Sicherheit um ein Vielfaches vergrößern.
Wieweit diese Konkordanzen zur Lösung der Kontroverse »Animismus–Spiritismus« beitragen können, mag offenbleiben.

3 Kriterien für die Auswahl der medialen Schriften

Die Auswahl der den folgenden Ausführungen zugrunde gelegten medialen Literatur erfolgte einmal entsprechend der Thematik, zum anderen aufgrund des intellektuellen Niveaus sowie der in sich widerspruchsfreien, plausiblen Darstellung. Weitere Auswahlkriterien waren die Identifizierungsangaben der jenseitigen Kommunikatoren, sowie Integrität und erkennbare Persönlichkeitswerte der beteiligten Medien.
Von den zehn ausgewählten deutschsprachigen medialen Werken sind neun in den letzten drei Jahrhunderten entstanden.

Die Bibel

Zur Ausweitung der Darstellung wurde als zehntes Werk die Bibel mit hinzugenommen. Zugrunde gelegt wurde die Ausgabe 73 der Württembergischen Bibelanstalt Stuttgart. Es würde sicher Widerspruch auslösen, die Bibel als mediale Schrift zu bezeichnen. Unabhängig davon darf jedoch unterstellt werden, daß die biblischen Erkenntnisse, Aussagen und Offenbarungen direkten oder indirekten jenseitigen Ursprungs sind; denn gerade in dieser Annahme muß ein fundamentales Element des christlichen Glaubens gesehen werden.

Emanuel Swedenborg

war Naturforscher, Mystiker und Hellseher im 18. Jahrhundert. Seine umfangreichen Schriften haben inhaltlich eine große Spannweite. Sie reichen von naturwissenschaftlichen Betrachtungen und technischen Erfindungen über Vorschläge für ein wahres Christentum bis zu einer Darstellung der Verhältnisse im Jenseits. Sein Buch: »Himmel und Hölle« (15) gibt den Inhalt zahlreicher Gespräche mit Geistwesen wieder.

Zu der letzteren Berichterstattung fühlte sich Swedenborg ermutigt durch seine überragenden medialen Fähigkeiten, die es ihm ermöglichten, sogenannte Seelenexkursionen durchzuführen, d. h. vorübergehend mit der Seele den Körper zu verlassen und auf diese Weise mit den Geistwesen im Jenseits direkt Kontakt aufzunehmen.

Jakob Lorber

war Musiklehrer in Graz Anfang des 19. Jahrhunderts. Er lebte zeitlebens in bescheidenen Einkommensverhältnissen, war reinen Gemüts und von tiefer Frömmigkeit. Aufgrund seiner hohen musikalischen Begabung wurde ihm in seinem vierzigsten Lebensjahr eine Kapellmeisterstelle in Triest angeboten. Im Begriff, den notwendigen Umzug zu vollziehen, vernahm er eine innere Stimme, die ihm befahl: »Nimm deinen Griffel und schreibe!« Lorber folgte diesem Ruf, verzichtete auf seine neue Stellung und schrieb täglich auf, was ihm diktiert wurde. In 24jähriger Arbeit bis zu seinem Tode entstanden die schon erwähnten umfangreichen Werke.
Lorber war von Anfang seiner Schreibtätigkeit an aufgrund der Verkündungen seiner inneren Stimme fest davon überzeugt, daß Jesus der Urheber der ihm zugegangenen Mitteilungen gewesen sei, und er nannte sich schlicht den »Schreibknecht Gottes«. Er war von der Gewalt und Einmaligkeit dieses Geschehens, an dessen Echtheit er nicht die geringsten Zweifel hatte, außerordentlich stark erfaßt. Die meisten Berichte über biblische Ereignisse wurden in der Ichform mitgeteilt.
Eine kritische Betrachtung speziell dieser in einer volkstümlichen Sprache ausgedrückten Texte läßt ein hohes ethisches Niveau, logische Schlüssigkeit und weitgehende Kompatibilität zu den entsprechenden biblischen Darstellungen erkennen.
Der evangelische Theologe D. Dr. Kurt Hutten schreibt über das Werk Lorbers u. a.: »Dieses Weltbild hat Tiefe und Kraft, umfaßt alle Ebenen des menschlichen Seins und der Geschich-

te, enthält großartige Vorstellungen wie die des Großen Schöpfungsmenschen und hat in erstaunlicher Weise moderne Forschungsergebnisse vorweggenommen, so z. B. die in der Atomphysik erfolgte Auflösung der Materie in Energie und Bewegung. In einer Zeit, in der sich die Dimensionen des Universums durch die Astronomie ins Unermeßliche geweitet haben, unsere Erde als ein winziges, belangloses Stäubchen erkannt worden ist, das im Reigen der Sonnen und Milchstraßen verloren umhertreibt und der Mensch sich in einer frierenden Einsamkeit und Verlorenheit vorfindet, kann das Weltbild Lorbers eine große Hilfe sein, . . . es gibt der Erde samt ihrer Geschichte und Heilsgeschichte ihre Würde wieder, verleiht dem Glauben eine kosmische Weite, verwebt Diesseits und Jenseits, Mikrokosmos und Makrokosmos ineinander, preist die alle Schöpfung durchwaltende Liebe Gottes und weist mit alledem den Menschen einen Weg zur Geborgenheit.«

James Lees

war zur Regierungszeit der Königin Victoria ein sehr bekanntes, wahrscheinlich das befähigste Medium in England. Er wurde auch gelegentlich bei Hofe zu Rate gezogen. Seine mediale Begabung war so stark, daß die mit ihm kommunizierenden Geistwesen während der Séance vorübergehend in seiner Nähe materialisieren konnten und für die Anwesenden sichtbar wurden. James Lees war Sprechmedium. Seine Äußerungen wurden von seinen Freunden mitstenographiert. Wegen seiner ungewöhnlich starken medialen Begabung, aber auch wegen seines lauteren Charakters wurde James Lees von einem jenseitigen Geistwesen für eine Botschaft ausgewählt, die die Darstellung der Erlebnisse und der jenseitigen Entwicklung dieses Geistwesens vom Tode als Mensch bis zur Erreichung eines hohen jenseitigen Ranges enthält. Die aus dem Jenseits diktierten Nachrichten wurden in einem zweibändigen Werk »Reise in die Unsterblichkeit« veröffentlicht (16).

Das Buch Emanuel

von Bernhard Forsboom ist Ende des 19. Jahrhunderts entstanden als Dialog zwischen dem hochstehenden Geistwesen Emanuel und dem um theologische und philosophische Probleme bemühten Geisteswissenschaftler Bernhard Forsboom, ermöglicht durch ein Schreibmedium (17). Die Kundgaben Emanuels enthalten Erkenntnisse und Wahrheiten über das menschliche Dasein aus jenseitiger Sicht, sowie Interpretationen zu mythologischen Aussagen.

Johannes Greber

war katholischer Pfarrer. Er wurde in Ausübung seines Amtes Anfang dieses Jahrhunderts mit einem medial hoch begabten jungen Mann bekannt, der ihm im Trance-Zustand Mitteilungen aus dem Jenseits von überraschendem Inhalt zukommen ließ. Da es sich zumeist um theologische Themen handelte, wurde das Interesse des Pfarrers geweckt. Es entwickelte sich ein über mehrere Jahre dauernder Dialog, dessen Inhalt in seinem grundlegenden Werk »Der Verkehr mit der Geisterwelt Gottes« festgehalten wurde (18).

Leopold Engel

Schauspieler und Schriftsteller, Sohn des Konzertmeisters Karl Engel, lebte Ende des 19. und Anfang des 20. Jahrhunderts. Er wurde als Medium bekannt durch die Vollendung des von Jakob Lorber medial geschriebenen, jedoch nicht ganz beendeten »Großen Evangelium Johannes«. Leopold Engel schrieb 27 Jahre nach dem Tode Jakob Lorbers aufgrund einer inneren Berufung medial geführt den Band XI. Im Jahre 1921 schrieb er ebenfalls medial geführt aufgrund einer Kundgabe seines verstorbenen Vaters Karl Engel die Erlebnisdarstellung »Im Jenseits« (19).

Paramahansa Yogananda

lebte in der ersten Hälfte des 20. Jahrhunderts teils in Indien, teils in Amerika. Seine religiöse Veranlagung, die Erziehung in seinem Elternhaus und Umwelteinflüsse bewirkten, daß er sich früh darum bemühte, Yogi zu werden. Er fand die geeigneten Lehrer, wurde in den Swami-Orden aufgenommen und absolvierte eine philosophische Staatsprüfung. Auf Veranlassung seines Guru wanderte er in den 20er Jahren nach Amerika aus, um dort die Yoga-Lehre zu verbreiten und eine Religionsgemeinschaft zu gründen, die heute noch bestehende und sich ausweitende Self Realization Fellowship, die inzwischen als Kirche anerkannt wurde. In seiner »Autobiographie eines Yogi« beschreibt er u. a. eine Begegnung mit seinem verstorbenen und rematerialisierten Guru Sri Yukteswar, in welcher ihm wesentliche Einblicke in das Jenseitsgeschehen zuteil wurden (20).

Dr. Karl Nowotny

war als Psychiater, Neurologe und Individual-Psychologe Dozent an der Universität Wien und Direktor des Instituts für psychische Hygiene. Er stand als Wissenschaftler und Arzt in Fach- und Patientenkreisen in hohem Ansehen.
Sein Tod, der im Jahre 1965 plötzlich während eines Spazierganges eintrat, wurde einer ihm bekannten Dame, Frau Grete Schröder, kurz zuvor in einer Traumvision angekündigt. Bald nach seinem Tode nahm er über ein der Frau Schröder bekanntes Medium in Budapest mit ihr spirituellen Kontakt auf, der sich häufig wiederholte und vertiefte.
Da die Durchführung dieser Séancen für Frau Schröder immer mit einer Reise nach Budapest verbunden war, entstand bei ihr der starke Wunsch, in sich selber mediale Fähigkeiten zu entwickeln. Es gelang ihr nach kurzer Zeit des Übens und unter jenseitiger Mithilfe des Dr. Nowotny, die Fähigkeit des medialen Schreibens zu erlangen.

Dr. Nowotny seinerseits war sehr daran interessiert, in Frau Schröder ein Medium seines Vertrauens zur Verfügung zu haben, um ein Werk aus jenseitiger Sicht zu diktieren, das ihm die Möglichkeit bieten sollte, auf psychiatrischem Gebiet nachzuholen, was ihm im irdischen Dasein verwehrt war. Es entstanden die schon erwähnten fünfbändigen »Medialen Schriften« (10), die eine Fülle psychologischer Erkenntnisse und weltanschaulicher Hinweise bieten und speziell zu einer gesunden, jenseitsbewußten Lebensauffassung anregen. Insbesondere Band V darf bereits als Wegweiser für die nach seiner Auffassung dringend erforderliche Neugestaltung der psychiatrischen Praxis angesehen werden.

Der Geistlehrer Josef und die Geistige Loge, Zürich

Im Jahre 1925 verstarb in Schottland ein Angehöriger der orthodoxen Kirche, der für eine besondere jenseitige Mission ausersehen war. Sein Lebenswandel war von der religiösen Auffassung seiner Kirche sowie durch seine familiären Pflichten geprägt. Nach seinem Hinübergehen ins Jenseits entstand in ihm der starke Wunsch, nach Mitteln und Wegen zu suchen, der Menschheit zu helfen unter Inanspruchnahme seines erweiterten jenseitigen Wissens und der Hilfe seiner jenseitigen geistigen Führer.

Zur Erfüllung seines Wunsches bedurfte es eines sehr begabten und von der Persönlichkeit her geeigneten Mediums. Er fand dieses in dem Tieftrance-Sprechmedium Frau Beatrice Brunner, Zürich.

Seit 1952 führt dieser jenseitige Helfer, der sich den Namen Josef und die Bezeichnung »Geistlehrer« gegeben hat, allwöchentlich in Zürich mit Hilfe seines Mediums Gottesdienste besonderer Art durch, die jedermann zugänglich sind. Die Ermöglichung dieser Gottesdienste und die Verbreitung der dort gesprochenen Worte und Erkenntnisse sind das zentrale Anliegen der Geistigen Loge, Zürich (8) (9).

Bemerkungen über die medialen Quellen

Die Werke der genannten zehn medialen bzw. prophetischen Autoren setzen sich, wie angegeben, zum Teil aus mehreren Schriften zusammen, die bezüglich ihres medialen und intellektuellen Niveaus für die nachfolgenden Betrachtungen als geeignet erachtet wurden. Obgleich die jenseitigen Informationsquellen und Kommunikatoren von verschiedener Rangstufe waren (die biblischen Offenbarungen und die Neuoffenbarungen von Jakob Lorber sind im Ursprung auf Gott bzw. Christus zurückzuführen, während bei den medialen Mitteilungen und den jenseitigen Gesprächen die Informationen von hochgestellten Geistwesen ausgingen), wurden bezogen auf die Aussagen keine Bewertungsunterschiede für notwendig gehalten. Es darf angenommen werden, daß die hochgestellten Geistwesen, die als Kommunikatoren in Erscheinung traten, sich in voller Übereinstimmung mit Gott bzw. Christus geäußert haben.

Die verschiedenen Arten der medialen Kommunikation wurden so dargestellt, wie sie von spiritualistischer Seite gesehen werden. Dies gilt auch für die weiteren Ausführungen dieser Studie.

In diesem Sinne wurde darauf verzichtet, bei der Verwendung jenseitsbezogener Begriffe den an sich notwendigen Zusatz »hypothetisch« hinzuzufügen.

Da die Aussagen der medialen Mitteilungen weltweite, teilweise kosmische Gültigkeit beanspruchen, stellt sich die Aufgabe der Ausweitung der Untersuchungen auf die mediale Weltliteratur. Dies würde jedoch den Rahmen dieser Studie überschreiten.

4 Glaubwürdigkeitsbetrachtungen über mediale Mitteilungen

Verschiedene Faktoren können die medialen Mitteilungen verändern, verzerren oder verfälschen. Sie zu kennen und zu beachten, ist für die Auswertung von medialen Mitteilungen von wesentlicher Bedeutung. Es scheint daher notwendig zu sein, die Faktoren, die die Glaubwürdigkeit von medialen Mitteilungen herab- oder heraufsetzen, genauer zu betrachten. Unter Glaubwürdigkeit wird in diesem Zusammenhang das Maß für die angenommene Annäherung an die transzendente Wahrheit verstanden.

Die semantischen Schwierigkeiten

Selten sind mündliche oder schriftliche Äußerungen über nicht alltägliche Begriffe so vollkommen, daß Mißverständnisse ausgeschlossen werden können. Die Zahl der Begriffe nimmt in einer lebenden Sprache ständig zu und übersteigt die Zahl der im Gedächtnis gegenwärtigen Worte um ein Vielfaches. Mehrdeutigkeiten und eine unübersehbare Fülle von Varianten in der Wort- und Satzbildung kennzeichnen daher die Semantik der gewachsenen Sprachen.
Semantische Unterschiede und Veränderungen in der Sprachentwicklung erschweren die historische Forschung. Bei Übersetzungen ganz allgemein, besonders aber bei solchen von altsprachlichen Texten in moderne Sprachen, machen sich die semantischen Schwierigkeiten in erhöhtem Maße bemerkbar und führen zu Inhaltsveränderungen und Mißverständnissen.
Die genannten Probleme treten in verstärktem Maße auf bei Äußerungen und Informationen über Begriffsbereiche, die außerhalb der gewohnten Wahrnehmungen und Erfahrungen liegen, z. B. bei medialen Mitteilungen.
Nachrichten aus dem Jenseits sind Informationen über uns un-

bekannte Lebensbereiche und Begriffe, für welche die geeigneten Worte fehlen und durch z. T. komplizierte Umschreibungen ersetzt werden müssen. Mediale Mitteilungen sind häufig mit der Bemerkung versehen, daß es dem sich äußernden Geistwesen schwerfällt, das, was es sagen möchte, für uns verständlich auszudrücken.
Dazu kommt, daß mediale Mitteilungen meistens nicht an Fachgelehrte gerichtet sind, sondern an ein breites Publikum, bei dem lediglich eine Durchschnittsbildung vorausgesetzt werden kann.

Didaktische Vereinfachungen

Hochentwickelte Geistwesen, die sich den Menschen mitteilen möchten, befinden sich häufig in der Situation eines Erziehers oder Redners, der sich genötigt sieht, bestimmte Begriffe und Zusammenhänge vor seinen Zuhörern vereinfacht darzustellen, um überhaupt Ansätze von Verständnis zu finden. Das klassische Beispiel für die Anwendung solcher didaktischer Vereinfachungen sind die Gleichnisse Jesu. Die letzte Wahrheit kann und darf in vielen Fällen offenbar nur verhüllt gelehrt werden, weil sie nicht verstanden würde. Halbverstandene Wahrheiten können viel Unheil anrichten. Häufig besteht die einzige Möglichkeit einer sinnvollen Belehrung aus dem Jenseits demnach in einer Annäherung an die Wahrheit in dem Maße, wie sie verstanden werden kann. Es ist eine Herausforderung an die inneren Gemütskräfte und Logik, hinter den verdeckt angedeuteten Wahrheiten den Kern derselben zu erkennen.
Über die für die Menschen unerforschlichen göttlich-absoluten Geheimnisse lesen wir bei J. Lorber: (Henoch) »Ein jedes Verhältnis . . . hat drei Seiten: die naturmäßig-menschliche, die geistig-menschliche und die göttlich-menschliche. Die ersten zwei sind für uns erfaßbar, aber die dritte ewig nie, denn sie ist unendlich, weil sie rein göttlich ist. Wir aber sind endliche Wesen und können daher unmöglich je die endlosen Tiefen und

Höhen Gottes erschauen und berühren. Aus diesem Grunde kann auch ein Mensch, so er weise ist aus Gott, zwei Fragen über seine eigene Wesenheit und ihre Verhältnisse beantworten; aber die dritte Frage wird er ewig nimmer beantworten. Denn ihre Beantwortung liegt in der ewig unbegreiflichen Tiefe Gottes verborgen, und wir werden sie ewig nie völlig entziffern.«

Die Kompetenz der jenseitigen Kommunikatoren

Nicht alle Geistwesen, die sich der Schreib- und Sprechmedien bedienen, haben einen hohen Entwicklungsstand erreicht. Nicht alle Geistwesen, die die Psi-Eigenschaften besitzen, sich über Medien verständlich zu machen, haben den notwendigen Reifegrad erreicht. Das Gesetz der freien Willensbetätigung ermöglicht es gelegentlich solchen Geistwesen, sich auch ohne jenseitige Erlaubnis bemerkbar zu machen – zum eigenen Schaden und zum Schaden der angesprochenen Menschen. Es sind die sogenannten falschen Propheten. Sie zu erkennen ist nicht ganz einfach, aber in vielen Fällen möglich. Meistens sind geringes intellektuelles Niveau und mangelnde Plausibilität der Mitteilungen geeignete Indizien.

Konkordanz der Aussagen

Bei Betrachtungen über den Glaubwürdigkeitsgrad von medialen Mitteilungen, d. h. bei der Beantwortung der Frage, wie weit die Aussagen dieser Mitteilungen sich dem jeweiligen Wahrheitskern angenähert haben könnten, muß den vorangehenden Darstellungen entsprechend beachtet werden, daß semantische Schwierigkeiten, didaktische Vereinfachungen und Kompetenzüberschreitungen der jenseitigen Kommunikatoren zu einer Verdeckung der Wahrheit führen können. Der umgekehrte Effekt ist festzustellen, wenn verschiedene mediale Mitteilungen zu verschiedenen Zeiten über gleiche oder ähnliche Themen inhaltlich gleiche oder ähnliche Aussagen erkennen lassen. Beispiele hierfür werden in Teil B gezeigt. Wenn sich über mediale Mitteilungen Aussagenkonkordanzen ermitteln lassen, so darf diese Tatsache als eine Annäherung an die Wahrheit angesehen werden. Wenn über Jahrzehnte und Jahrhunderte hinweg immer wieder dasselbe medial ausgesagt wird, so kann darin eine kollektive jenseitige Absicht erblickt werden, die Menschen in ihrer Erkenntnis an eine bestimmte Wahrheit nach und nach näher heranzuführen.

5 Möglichkeiten der Erstellung eines Glaubwürdigkeitstests

Die genannten Merkmale zu quantifizieren und auf dieser Basis einen Glaubwürdigkeitstest für mediale Mitteilungen zu entwickeln, ist zwar grundsätzlich möglich, jedoch sind die damit verbundenen Schwierigkeiten recht erheblich. Es wären umfangreiche Spezialuntersuchungen erforderlich, die den Rahmen dieser Studie überschreiten würden. Im Prinzip möglich, jedoch ähnlich schwierig wäre die Erstellung eines Glaubwürdigkeitstests für die beteiligten Medien, für ihre Begabung, ihre Berufung und ihre Persönlichkeitswerte.

Bei kritischer Analyse des Inhalts und des Stils der zehn erwähnten medialen Schriften oder anderer ähnlicher Werke fällt ein recht unterschiedlicher Homogenitätsgrad auf. Die Berichte sind teilweise von Kapitel zu Kapitel von wesentlich verschiedener Art, so daß Zweifel an der Echtheit des Ganzen entstehen können. Tiefgründige philosophische Betrachtungen wechseln gelegentlich ab mit weniger bedeutsamen Hinweisen auf das alltägliche Dasein bzw. mit nicht nachprüfbaren historischen oder undeutlichen naturwissenschaftlichen Bemerkungen.

In solchen Fällen zeigt sich meistens, daß das Medium mit verschiedenen jenseitigen Kommunikatoren Kontakt hatte. Es ergibt sich auf diese Weise eine Mischung verschiedener Intelligenzniveaus, Stilarten und Interessenrichtungen. Von hohem Homogenitätsgrad in diesem Sinne sind die Schriften von »Emanuel«, »James Lees«, »Karl Nowotny«, »Yogananda« und »Leopold Engel«.

In den Publikationen der »Geistigen Loge« treten im wesentlichen zwei Kommunikatoren auf mit deutlichen Stil- und Akzentuierungsunterschieden.

B Mediale Mitteilungen weltanschaulichen Inhalts

Den im Teil A angeführten Schriften jenseitigen Ursprungs aus zehn verschiedenen Quellen wurden in Form von Kernsätzen Teilaussagen konkordanten Inhalts entnommen, die in der Zusammenschau die Grobstrukturen eines transzendenten weltanschaulichen Mosaikbildes ergeben.

Für die meisten Teilaspekte des vielschichtigen Problemkreises »Weltanschauung« enthalten die medialen Mitteilungen überraschende Lösungen.

Da nicht alle medialen Aussagen weltanschaulichen Inhalts den gleichen Glaubwürdigkeitsgrad erkennen lassen, ist eine kritische Auswahl erforderlich. Auf dem Gebiet der Kosmogonie z. B. ergibt sich ein geringer Konkordanzfaktor, da die Zahl der medialen Schriften auf diesem Gebiet kleiner ist als auf anderen. Nur wenige jenseitige Kommunikatoren hielten und halten sich offenbar für kompetent, über diese zeitlich weit zurückliegenden und unserem Verständnis schwer zugänglichen Urzusammenhänge zu berichten.

Bei den meisten diesbezüglichen medialen Mitteilungen wird offensichtlich von didaktischen Vereinfachungen Gebrauch gemacht durch Anlehnung an mythische Vorstellungen und Namen. Bei den Teildarstellungen im Teil B dieser Studie wurde daher auf die Wiedergabe mythologischer Begriffe weitgehend verzichtet und die Auswahl möglichst auf abstrakte Formulierungen beschränkt. Dieser Verzicht schien besonders dadurch gerechtfertigt zu sein, daß Mythen immer von regionaler Gültigkeit sind; es gibt keine »Weltmythen«. Die medialen Mitteilungen jedoch beanspruchen nicht nur planetenweite, sondern darüber hinausgehend kosmische Gültigkeit.

Der besseren Übersicht wegen wurden den in den folgenden Kapiteln wiedergegebenen Textausschnitten jeweils eine Zusammenfassung der wesentlichen Aussagen in Thesenform, sowie ein Kommentar vorangestellt.

1 Aussagen von medialen Mitteilungen über das »Phänomen der medialen Mitteilung«

Zusammenfassung der Aussagen:

Aussage 1: Es ist der Wille Gottes, die Menschen durch Offenbarungen und mediale Mitteilungen schrittweise an die göttliche Wahrheit heranzuführen, ihnen Erkenntnisse zu vermitteln, die sie auf andere Weise nicht erlangen können.

Aussage 2: Mediale Mitteilungen, auch solche von Offenbarungscharakter, waren nicht auf die biblische Zeit beschränkt, sondern wurden und werden zu allen Zeiten der Menschheit zugeleitet.

Aussage 3: Die meisten medialen Mitteilungen, besonders solche von Offenbarungscharakter, wurden und werden verdeckt gegeben und an den Reifegrad der Menschen angepaßt.

Aussage 4: Nicht alle Geistwesen, die sich mitteilen, haben die geeignete Rangstufe und Kompetenz, um der Menschheit etwas Wesentliches verkünden zu können.

Kommentar:

Aus jenseitigen Informationsquellen erfahren wir, daß Gott die Menschen mit ihren Problemen und Fragen nicht allein läßt, sondern ihnen selbst über Propheten oder durch reine Geistwesen über Medien Belehrungen und Erkenntnisse vermittelt. Hierbei handelt es sich bevorzugt um solcherlei Ratschläge und Hinweise, die den Menschen aufgrund eigener Bemühungen, Erfahrungen und Anwendung der Intelligenz verschlossen bleiben würden. Dieser Informationsfluß ist ständig vorhanden und an das jeweilige Verständnis und die jeweilige Situation der Menschen angepaßt.

Was zu biblischen Zeiten dem damaligen allgemeinen Bildungsniveau entsprechend weitgehend symbolhaft und verdeckt dargeboten werden mußte, wird heute konkreter ausgedrückt; vom vollen Verständnis für Hinweise und Erkenntnisse aus der Geisteswelt sind wir jedoch auch heute noch weit entfernt. Die Möglichkeiten einer medialen Kommunikation sind nicht auf die hochstehenden Geistwesen beschränkt, die mit göttlicher Erlaubnis bemüht sind, den Menschen zu helfen.

Wie es zu biblischen Zeiten falsche Propheten gab, die die Menschheit in die Irre leiteten, so gab und gibt es zu allen Zeiten jenseitige Kommunikatoren, die sich ohne göttliche Erlaubnis über Medien bemerkbar machen. Es wird in den medialen Schriften mehrfach davor gewarnt anzunehmen, daß jede mediale Mitteilung nur deshalb, weil sie aus dem Jenseits kommt, auch einen Wahrheitskern enthalten muß.

Es ist der freien Anwendung des Verstandes und dem Gefühl der Menschen überlassen zu entscheiden, welche der verschiedenen medialen Mitteilungen in göttlichem Sinne erlaubt oder unerlaubt sind.

Gott läßt offenbar aufgrund seines Gesetzes vom freien Willen beide Kommunikationsarten zu, auch wenn die unerlaubten sowohl für den Kommunikator als auch für den Adressaten von negativem Einfluß sein sollten.

Textausschnitte aus der Bibel

Joh. 14, 26

Aber der Tröster, der heilige Geist, welchen mein Vater senden wird in meinem Namen, der wird euch alles lehren und euch erinnern alles des, was ich euch gesagt habe.

Joh. 16, 12–13
Ich habe euch noch viel zu sagen; aber ihr könnt es jetzt nicht tragen. Wenn aber jener, der Geist der Wahrheit, kommen wird, der wird euch in alle Wahrheit leiten. Denn er wird nicht aus sich selber reden; sondern was er hören wird, das wird er reden, und was zukünftig ist, wird er euch verkündigen.

1 Joh. 4, 1–3
Ihr Lieben, glaubet nicht einem jeglichen Geist, sondern prüfet die Geister, ob sie von Gott sind; denn es sind viele falsche Propheten ausgegangen in die Welt. Daran sollt ihr den Geist Gottes erkennen; ein jeglicher Geist, der da bekennt, daß Jesus Christus ist im Fleisch gekommen, der ist von Gott; und ein jeglicher Geist, der Jesus nicht bekennt, der ist nicht von Gott. Und das ist der Geist des Widerchrists, von welchem ihr gehört habt, daß er kommen werde, und ist jetzt schon in der Welt.

1 Kor. 3, 2
Milch habe ich euch zu trinken gegeben, und nicht feste Speisen; denn ihr konntet sie noch nicht vertragen. Auch jetzt könnt ihr's noch nicht.

Hebr. 5, 12
Denn die ihr solltet längst Meister sein, bedürfet wiederum, daß man euch den ersten Anfang der göttlichen Worte lehre und daß man euch Milch gebe und nicht feste Speise.

1 Thess. 5, 20–21
Weissagungen verachtet nicht. Prüfet aber alles, und das Gute behaltet.

Jer. 33, 3
Rufe mich an, so will ich dir antworten und will dir kundtun große und unfaßbare Dinge, von denen du nichts weißt.

Textausschnitte aus »Das Buch Emanuel« von B. Forsboom

Seite 117
Wenn ihr einzelne Lehren ... verstehen wollt, so sucht euch immer ein möglichst klares Bild der ganzen Gesetzeswelt zu machen ... so weit wir selbst in sie eingedrungen sind und so weit wir sie euch offenbaren durften.

Seite 206
Es ist ... der Verkehr der Geister mit den Menschen nichts Übernatürliches. Ihr müßt nur den Begriff »Natur« über die Grenzen derber Stofflichkeit hinausführen.

Seite 210
Die Offenbarung ist ein großer Faktor in der Heranbildung der Unvollkommenen zur Vollkommenheit. Sie ist die geistige Speise, die die Gnade Gottes allen unvollkommenen Geistwesen bietet, es deren freiem Willen überlassend, durch die Annahme dieser Speise an geistigen Kräften zuzunehmen.

Textausschnitt aus »Der Verkehr mit der Geisterwelt Gottes« von J. Greber

Seite 334
Gott ließ mit ihm, wie mit allen anderen, seine Geisterwelt in Verkehr treten und durch sie alles vermitteln, dessen Christus zur Erfüllung seiner Aufgabe bedurfte.

Textausschnitte aus »Botschaften aus dem Jenseits« und »Geistige Welt« von dem Geistlehrer Josef

Band II, Seite 157
Ihr sollt doch nicht glauben, daß ihr ausgerechnet heute nicht

mehr in Verbindung mit der geistigen Welt sein dürft. Zu früheren Zeiten war es doch so, warum denn heute nicht mehr?

Geistige Welt Nr. 4/78, Seite 46–47
Man muß wohl überlegen, in welcher Weise man Verbindung zur Geisterwelt aufnimmt. Genau, wie ihr als Menschen sehr empfindlich seid und euch nicht einfach mit jedem abgebt, weil er euch zu niedrig erscheint, so muß man auch im Geistigen seine Ansprüche stellen. Nicht jeder Geist, der sich kundgibt, soll einem recht und willkommen sein.

Textausschnitte aus »Reise in die Unsterblichkeit« von R. J. Lees

Band I, Seite 57
Das Hauptübel ist, daß die Bibel zum unfehlbaren Diktator gemacht und behauptet wird, daß sie die ganze und endgültige Botschaft Gottes an die Menschheit enthält.

Band I, Seite 59
. . . doch zu glauben, daß unser Vater seit jenen (biblischen) Zeiten nicht mehr direkt zu uns spricht, hieße, ihn der größten Günstlingswirtschaft zeihen. Denn warum sollte er zu Abraham, Sokrates oder Buddha gesprochen haben und nicht auch zum Menschen der Gegenwart sprechen?

Band II, Seite 150
. . . Visionen sind nicht von einer Unfehlbarkeit, die alles Zukünftige unabänderlich bestimmen muß, und ihre Verkündung mag von vielen Umständen beeinflußt sein.

Band II, Seite 151
Mit anderen Worten, keine Eingebung ist vollkommen in sich selbst, sondern jede führt, wenn sie richtig verstanden wird, zu einer neuen Stufe, bis die letzte uns eines Tages in die Gegenwart dessen führen wird, der allein vollkommen ist, Gott.

Textausschnitte aus »Das Große Evangelium Johannes« von J. Lorber (21)

Band I, Kap. 1, 4
Jesus in den Erläuterungen zum Johannes-Evangelium: Nur bemerke ich noch das hinzu und sage, daß hier nur der innere, seelisch-geistige Sinn zu verstehen ist, nicht aber der allerinnerste, reinste Himmelssinn. Dieser ist zu heilig und kann für die Welt unschädlich nur solchen erteilt werden, die ihn suchen durch ihren Lebenswandel nach dem Worte des Evangeliums.

Band I, Kap. 134, 14
Jesus: Die Originale (der Evangelien) sind aus dem höchst einfachen Grunde, daß in Kürze der Zeit mit solchen Reliquien keine Abgötterei getrieben werden möchte, weisest aus dem Wege geräumt worden . . . jedoch ist der Geist, der in den Originalen lag, auch in den Nachschriften völlig beibehalten worden. Am Buchstaben aber liegt ja ohnehin nichts, sondern nur an einem und demselben Geist.

Band III, Kap. 15, 6
Jesu Verheißung: Es wird das, was wir nun hier verhandeln, nach fast 2000 Jahren ebenso von Wort zu Wort können vernommen werden, als ginge das alles vor den Augen der dann auf Erden Lebenden vor sich.

Band VI, Kap. 204, 2
Jesus: Die ewige göttliche Wahrheit wird stets nur verdeckt gegeben, denn offen würden die Menschen sie ebensowenig vertragen wie das Licht der Mittagssonne mit offenen Augen. Die Menschen müssen denken lernen, dann suchen und selbst finden.

Band IX, Kap. 94, 4
Jesus: Vor Meiner Wiederkunft werde Ich von Zeit zu Zeit Menschen erwecken, denen Ich alles, was jetzt bei dieser Mei-

ner Gegenwart geschieht und gesprochen wird, durch ihr Herz in die Feder sagen werde . . .

Textausschnitte aus »Mediale Schriften« von Dr. Karl Nowotny

Band I, Seite 90

Wenige, sehr wenige werden dazu berufen, die Vermittler zu sein zwischen Diesseits und Jenseits, und sie alle sind dazu ausersehen, das weiterzugeben und den Mitmenschen zu vermitteln, was sie aus dem All mit göttlicher Erkenntnis mitgeteilt erhalten.

Band I, Seite 107

. . . Deshalb bin ich der Meinung, daß die Tatsache des Vorhandenseins einer geistigen Verbindung mit dem Jenseits zur Genüge bekannt ist. Dafür braucht es doch keiner Beweise mehr. Jetzt wäre es nur Zeit, die richtigen Verbindungen, die ja dauernd vermittelt werden, zu pflegen und zum Wohle und nur zum Wohle der Menschheit weiterzufördern und zu nutzen.

Band IV, Seite 36

. . . ich will also sagen, daß nicht alles, was von drüben kommt, den Anspruch erheben darf, der Weisheit letzter Schluß zu sein, und darum empfehle ich, auch beim Empfang von anscheinend hohen wissenschaftlichen Daten und Abhandlungen höchste Vorsicht walten zu lassen. In den meisten Fällen ist die gleiche Kritik am Platze, wie man sie bei Schriften und Vorträgen irdischer Kollegen übt.

Band IV, Seite 118

Gerade aber in religiöser Hinsicht ist größte Vorsicht geboten, denn es ist für jenseitige Geistwesen nicht schwer, die Unkenntnis und Unerfahrenheit irdischer Wesen auszunutzen.

2 Aussagen von medialen Mitteilungen über die »Ureigenschaften und Wesensmerkmale Gottes«

Zusammenfassung der Aussagen:

Aussage 1: Gott ist Urgeist, Urleben, Urschöpfungskraft und Urlicht.
Aussage 2: Gott ist allmächtig und allgegenwärtig.
Aussage 3: Gott ist von allumfassender Gerechtigkeit.
Aussage 4: Gottes Hauptwesensmerkmale sind unendliche Weisheit und allumfassende Liebe.
Aussage 5: Gott ist für Menschen und auch für Geistwesen unnahbar und unschaubar.
Aussage 6: Gott wurde durch seine Menschwerdung in Jesus Christus auf Erden nahbar und schaubar.

Kommentar:

Es klingt vermessen und überheblich, über Gottes Ureigenschaften und Wesensmerkmale überhaupt etwas aussagen zu wollen. Kein Mensch hat Gott in seinem Urwesen je gesehen, kein Mensch, als geschaffenes Wesen, könnte ihn voll verstehen und begreifen.
Dennoch muß dem nach Gott und göttlichen Wahrheiten Suchenden zuerkannt werden, sich wenigstens eine allgemeine Vorstellung von dem zu machen, was ihm als höchstes Anliegen gilt.
In den Offenbarungen und in den medialen Aussagen von Geistwesen, die Gott näher stehen als die Menschen, sind verschiedentlich in allgemeiner Form Hinweise auf für uns begreifbare Ureigenschaften und Wesensmerkmale Gottes gegeben; insbesondere hat sich der Herr selbst über das Wesen Gottes geäußert.

Die in den zusammengefaßten medialen Aussagen sowie in den Textausschnitten dargestellten Ureigenschaften und Wesensmerkmale Gottes können in ihrer allgemeinen Form als verständlich bezeichnet werden bis auf den Begriff des Urlichts. Dieses ist nicht identisch mit dem Licht elektromagnetischen Ursprungs. Es wird nicht optisch, sondern geistig wahrgenommen. Der dem Wort »Urlicht« zugeordnete Begriff ist für menschliches Verständnis nicht faßbar, er wird sowohl für geistige als auch für stoffliche Ureigenschaften Gottes verwendet. Unserem Verständnis mag die Vorstellung am nächsten kommen, daß im göttlichen Bereich Gedankliches und Stoffliches offenbar zu einer Wirkungseinheit verschmelzen.
Daß Gott aus seinem Urlicht, das auch den höchsten Engeln unzugänglich war, in einer von ihm seit Ewigkeit vorgesehenen Zeit heraustrat und in Jesus Christus Mensch wurde, um durch diese Abdeckung seines Urlichts für die von ihm geschaffenen Wesen ertragbar und zugänglich, nahbar und schaubar zu werden, ist eine wesentliche Aussage in den prophetischen Werken Lorbers und Swedenborgs.

Textausschnitte aus der Bibel

Joh. 1, 1–4
Im Anfang war das Wort, und das Wort war bei Gott, und Gott war das Wort. Dasselbe war im Anfang bei Gott. Alle Dinge sind durch dasselbe gemacht, und ohne dasselbe ist nichts gemacht, was gemacht ist. In ihm war das Leben, und das Leben war das Licht der Menschen.

Joh. 1, 14
Und das Wort wurde Fleisch (Mensch) und wohnte unter uns –

Joh. 1, 18
Niemand hat Gott je gesehen; der eingeborene Sohn, der in des Vaters Schoß ist, der hat ihn uns verkündigt.

Joh. 4, 24
Gott ist Geist, und die ihn anbeten, die müssen ihn im Geist und in der Wahrheit anbeten.

Textausschnitte aus dem »Buch Emanuel« von B. Forsboom

Seite 19
Im Anfang war Gott. Gott ist Urleben, ist Schöpfungskraft, schöpferische Bewegung –

Seite 31
Gott ist Urlicht, und Licht ist nichts anderes als Bewegung. Das Stoffliche Gottes ist das Urlicht, das erzeugt wird durch die Bewegung des Urlebens.

Seite 116
Die Wesensmerkmale Gottes sind vollendete Weisheit, absolute Liebe, Allmacht.

Textausschnitt aus »Lene-Meditationen 77« (22)

In Gott ist nur Reinheit, und diese Reinheit ist eine lebendige Kraft, ist für euch Menschen ein lebendiges Feuer. Gott besitzt aber zugleich die unendliche Liebe, die unendliche Güte. Er ist die Weisheit selbst. Die Weisheit ist in ihm wie die Liebe.

Textausschnitte aus »Reise in die Unsterblichkeit« von R. J. Lees

Band II, Seite 25
Gottes Gesetz ist vollkommen, seine Gerechtigkeit ist allumfassend.

Band II, Seite 286
Die Eigenschaften der Gottheit sind dreierlei: Allmacht, Allwissen und Allgegenwart.

Textausschnitte aus »Das Große Evangelium Johannes« (Ev) und »Die Haushaltung Gottes« (H) von Jakob Lorber

Ev Band I, Kap. 1, 6
Im Urgrunde, oder auch in der Grundursache (allen Seins), war das Licht (der große heilige Schöpfungsgedanke, die wesenhafte Idee). Dieses Licht war nicht nur in, sondern auch bei Gott –

Ev Band I, Kap. 1, 8
In Gott war das Licht, das Licht durchfloß und umfloß Gott, und Gott Selbst war das Licht.

Ev Band I, Kap. 1, 9
Das Licht war im Urgrunde alles Seins und alles späteren Werdens als Urgrund Selbst bei, in und aus Gott, also Selbst durch und durch Gott.

Ev Band I, Kap. 1, 11
Alles Sein ward aus diesem Ursein, welches in Sich Selbst ist der ewige Urgrund Seines Seins durch und durch.

Ev Band I, Kap. 1, 13
In diesem Worte oder Licht oder in diesem großen Gedanken Gottes in Gott, und im Grunde des Grundes Gott Selbst, war sonach ein vollkommenstes Leben.

Ev Band I, Kap. 71, 12
– Das ewige Urfundament ist die Liebe in Gott, die das eigentliche Wesen Gottes Selbst ist.

Ev Band I, Kap. 140, 5
Obschon aber der Raum ewig nirgends ein Ende hat und also im vollkommensten Sinne nach allen Seiten hin unendlich ist, so ist aber dennoch in des Raumes endlosesten Tiefen und Fernen kein Pünktchen des Raumes, wo nicht der Geist der Weisheit und Macht Gottes ebenso gegenwärtig wäre als hier auf dieser Stelle unter euch nun.

Ev Band IV, Kap. 74, 5
Der Jünger Johannes: Der allein wahre und einige Gott ist ein ewiger, reinster Geist aus sich selbst, ausgerüstet mit dem höchsten Selbstbewußtsein, mit der lichtvollsten Weisheit und mit einem festesten und mächtigsten Willen, dem kein Ding unmöglich ist.

Ev Band IV, Kap. 257, 10. 11 u. 13
Jesus: Der unendliche Schöpfungsraum ist allenthalben erfüllt mit Meinem Geiste, welcher da ist Liebe, Leben, Licht, Weisheit, klarstes Selbstbewußtsein, ein bestimmtes Fühlen, Schauen, Hören, Denken, Wollen und Wirken. In Mir ist dieses ewig gleichen Geistes Brennpunkt, der eins ist mit Seinem die Unendlichkeit erfüllenden Außenlebensäther, der bei Mir mit dem Hauptlebensbrennpunkt stets mit allem, was es faßt, in innigster Verbindung steht. Dieser Mein Außenlebensäther aber durchdringt und umfaßt alles in der ganzen ewigen Unendlichkeit und sieht, hört, fühlt, denkt, will und wirkt überall auf eine und dieselbe Weise. Sehet, darauf gründet sich ganz klar und faßlich die Allwissenheit Gottes.

H Band II, Kap. 139, 20–23
Was ihr des Raumes Unendlichkeit nennet, ist der Geist Meines Willens, der von Ewigkeiten her diese endlose Räumlichkeit gestellt und erfüllt hat mit Wesen aller Art. Dieser Geist aber hat einen *Mittelpunkt,* wesenhaft gestaltlich, in dem alle Macht dieses unendlichen Geistes vereinigt ist zu einem Wirken, und dieses Machtzentrum des unendlichen Gottgeistwesens ist die

Liebe als das Leben dieses Geistes; und diese Liebe bin Ich von Ewigkeit. – Obschon sich der Geist Gottes überall wirkend äußern kann, so kann er sich dennoch nicht wesenhaft gestaltlich äußern ohne die Liebe; wo aber Gott sich dann gestaltlich äußert, da äußert Er sich für endliche Wesen, wie ihr es seid, durch Seine Liebe, welche da ist das eigentliche Grundwesen Gottes und der Sammelpunkt aller Macht, Kraft und Heiligkeit des unendlichen Geistes. Sehet, das ist das Wesen Gottes in aller Wahrheit und kann nur mit dem Herzen, aber nie mit dem Verstande begriffen werden!

Ev Band IV, Kap. 122, 7–8
Jesus: Ich bin überall im unendlichen Raum der ewige Gott. Aber hier bin Ich nun bei euch in Meiner ewigen Seinsmitte, von der aus die ganze Unendlichkeit ewigfort erhalten wird in ihrer endlosen Ausdehnung. Von Ewigkeit wohnte Ich in Meiner unzugänglichen Mitte und in Meinem unzugänglichen Lichte aus Mir selbst. Aber Mir hat es der Menschen wegen wohlgefallen, aus Meiner Mitte und aus Meinem Lichte, das auch den höchsten Engeln unzugänglich war, herauszutreten, Mich auf diese Erde zu begeben – und nun bin Ich euch Menschen zugänglich, und ihr könnt Mein Licht ertragen.

Ev Band VIII, Kap. 27, 3
Jesus: Dieser Mein Leib ist die verherrlichte Gestalt des Vaters der Menschen und Engel wegen, damit Ich ihnen ein begreiflicher und schaubarer Gott bin; und ihr könnet Mich nun schauen, hören und sprechen und doch leben dabei, während es ehedem hieß, daß Gott niemand sehen und dabei leben könne!

Ev Band II, Kap. 109, 7
Jesus: In Mir betritt der Geist Gottes nun zum ersten Male diese Erde! Das ist derselbe Geist, von dem alle Urväter, alle alten Weisen und Propheten in ihren reinen Gesichten geweissagt haben!

3 Aussagen von medialen Mitteilungen über die »Urschöpfung«

Zusammenfassung der Aussagen:

Aussage 1: Die Urschöpfung Gottes war feinstofflicher Art.

Aussage 2: Als erstes wurden Geistwesen geschaffen, die mit Schöpfungskraft, Willensfreiheit und der Fähigkeit zur Erkenntnis der göttlichen Gesetze ausgestattet waren.

Aussage 3: Die Geistwesen wurden nicht in vollendeter Form geschaffen, sondern sollten sich in freier Erkenntnis und freier Lebensgestaltung zur Reife entwickeln.

Aussage 4: Gott legte in jedes Geistwesen den Keim zu einer individuellen Wesensart.

Aussage 5: In jedes Geistwesen waren notwendigerweise auch gegensätzliche Charaktereigenschaften gelegt, die sich mit zunehmender Reife harmonisieren sollten.

Aussage 6: Alle Geistwesen wurden als Dualpaare geschaffen, bestehend aus je einem männlichen und einem weiblichen Partner mit sich ergänzenden Eigenschaften.

Kommentar:

Die medial übermittelten Aussagen über die Urschöpfung, über den Uranfang, die Entstehung des Universums weichen wesentlich von der zur Zeit dominierenden physikalischen Auffassung ab.

Während letztere von der These ausgeht, daß alles materielle, geistige, seelische und lebende Sein durch Zufall entstanden und auf eine gigantische Urexplosion eines überdimensionalen

Weltkörpers zurückzuführen sei, wird in den medialen Mitteilungen von einem Schöpfungsakt Gottes berichtet.
Beide Auffassungen gehen von einem unerschaffenen Urgrund aus, die physikalische »Urknall-Theorie« von der Materie, die medialen Mitteilungen von Gott.
Die medialen Kommunikatoren berichten im Gegensatz zur physikalischen Auffassung von einer feinstofflichen Urschöpfung. Nicht die grobstoffliche Materie, die dem irdischen Leben als Basis dient, entstand als erstes, sondern feinstoffliche Geistwesen in unermeßlich großer Zahl, die zu ihrer Existenz keiner grobstofflichen Materie bedurften.
Vorstellungen über feinstoffliche Daseinsformen und Möglichkeiten der Daseinsgestaltung sind unserem durch Raum-Zeit-Erfahrungen geprägten Erkenntnisvermögen schwer zugänglich. Die medialen Mitteilungen über Urgeister beschränken sich daher auf die Erwähnung weniger Grundeigenschaften, wie z. B. freier Wille, Schöpfungskraft und Erkenntnis der göttlichen Gesetze.
Jeder Urgeist wurde von Gott als Individuum geschaffen und mit einer speziellen Grundveranlagung sowie mit speziellen Charaktereigenschaften, auch mit solchen gegensätzlicher Art, ausgestattet.
Der freie Wille war das größte Geschenk Gottes an die von ihm geschaffenen Geistwesen. Aufgrund des freien Willens sollten sich die Geistwesen, die Kinder Gottes, durch frei erworbene Erkenntnis und Erfahrung zur Vollendung ihrer Wesenheit entwickeln. Es wurde kein Zwang ausgeübt.
Nicht der erzwungene, sondern der freiwillige Gehorsam war das Ziel.
Nach medialen Mitteilungen gingen die Urgeister ihren Weg nicht allein, sondern gemeinsam mit einem Partner. Alle Geistwesen wurden nach diesen Mitteilungen als Dualpaare geschaffen, bestehend aus je einem männlichen und einem weiblichen Geistwesen mit sich ergänzenden Eigenschaften. Bei Jakob Lorber jedoch treffen wir auf eine andere Aussage. Hier sind die Urgeister der göttlichen Urschöpfungswelt männlich-weib-

lich geschaffen, eine Trennung erfolgte erst zu einem späteren Zeitpunkt der Entwicklung.
Für Gott gibt es keinen Dual-Partner. In ihm sind männliche und weibliche Eigenschaften in absoluter Vollendung vereinigt. Hierzu ein Zitat aus Jakob Lorber, »Die Haushaltung Gottes« Band III, Kap. 27, 5. 6. 9 und 13: »Ich bin Mann und Weib zugleich in Meiner Gottheit Tiefen, aber nicht so, wie ihr es pflegt zu nehmen, sondern also nur: Als Mann bin Ich die Liebe selbst, das freie Leben und alle Macht und Tatkraft selbst! Da Ich auch im Weibe zu Hause bin, muß Ich da nicht zugleich das Weib völlig in Mir fassen? Die Weisheit aber ist der Liebe Gottes ewig eigentümlich unzertrennlich rechtes Weib, mit dem Ich ewiger, einiger Gott alle Dinge gezeuget und geschaffen habe.«

Textausschnitte aus »Das Buch Emanuel« von B. Forsboom

Seite 19

So war Gott und wurde aus Ihm Ihm Ähnliches: Reine Geister. Weil aus der Vollendung hervorgegangen, hatten sie den Keim der Vollendung in sich, und diese Vaterschaft ist Bürge, daß sich diese Keime in allem zum Abbild ihres Vaters entwickeln werden. Es lag in ihnen Schöpfungskraft, Willensfreiheit und Erkenntnis der Gesetze, durch die sie diese Schöpfungskraft zu ihrer Vollendung ausbilden sollten.

Seite 52

Ziel der Schöpfung ist, daß eine vollkommene Geisterwelt die Gottheit umgebe, daß jeder einzelne Geist die Vollendung seiner Wesenheit erreiche, daß die Vollendung seiner Liebe und Erkenntnis ihm die Vollkommenheit seiner Freiheit gebe.

Textausschnitte aus »Der Verkehr mit der Geisterwelt Gottes« von J. Greber

Seite 264

Gott ist Geist, und alles, was er erschafft, ist Geist. Nach seinem Bilde rief er geistige Wesen ins Dasein in einer so unermeßlichen Menge, daß ihr keine irdischen Zahlen habt, mit denen ihr sie auch nur annähernd ausdrücken könntet.

Auf welche Weise der unendlich große und allmächtige Gott die Geistwesen schuf, kann dir als Mensch nicht klargemacht werden. Das zu wissen, ist für den Menschen auch nicht notwendig und von keinerlei Bedeutung für sein Seelenheil...

Gott schuf die Geisterwelt nicht auf einmal... das in der ganzen irdischen Natur und bei allen Lebewesen vorhandene Gesetz der Verbindung des Männlichen mit dem Weiblichen gilt auch in der geistigen Schöpfung in demselben Umfang... wie es in der irdischen Schöpfung männliche und weibliche Wesen aller Gattungen gibt, so gibt es auch männliche und weibliche Geister in der geistigen Schöpfung. Die Zahl der männlichen Geister ist dieselbe, wie die der weiblichen. Jedem männlichen Geist ist ein weiblicher Geist nach Gottes Gesetz zugeteilt. Beide passen vollkommen zueinander und finden in der gegenseitigen Ergänzung und in ihrem treuen Zusammenarbeiten an der von Gott gegebenen Aufgabe ihr höchstes, persönliches Glück. Solche füreinander geschaffenen Geisterpaare nennt man »Duale«... Von diesem Gesetz der paarweisen Verbindung des Männlichen mit dem Weiblichen ist bloß Gott ausgenommen.

Textausschnitte aus »Lene-Meditationen 78«

Seite 43

Unter dem Dualwesen versteht man das andere Ich, das Du oder den Partner... Denn es heißt doch, daß immer zwei

Wesen füreinander geschaffen sind, daß sie einander verstehen, dieselben Meinungen und Ansichten vertreten, daß eines für das andere da ist.

Seite 44
Es wurde euch schon eröffnet, daß es geistige Familien gibt, und daß ein jedes seine geistigen Eltern besitzt.

Textausschnitte aus »Das Große Evangelium Johannes« von Jakob Lorber

Band II, Kap. 156, 12
Raphael: Was wir urgeschaffenen Geister sind, so ist bei uns zahllosen allein nur das männlich-positive Wesen als völlig ausnahmslos waltend; aber es ist dennoch in jedem von uns auch das weiblich-negative Prinzip vollkommen gegenwärtig, und so stellt ein jeder Engel in sich die vollkommenste Ehe der Himmel Gottes dar. Es hängt ganz von uns ab, ob wir uns in der männlichen oder weiblichen Form zeigen wollen, und das alles in einer und derselben geistigen Haut.

Band II, Kap. 229, 5–7
Nun, die Wesen wurden also völlig nach seinem Ebenmaße gestaltet, und es ward ihnen am Ende darum auch die Fähigkeit notwendig eigen, sich selbst zu konsolidieren aus dem Kampfe der in ihnen aus Gott niedergelegten kämpfenden Gegensätze. – Jedem Wesen ward Ruhe und Bewegung, Trägheit und Tätigkeitssinn, Finsternis und Licht, Liebe und Zorn, Heftigkeit und Sanftmut und Tausenderleiartiges als vollends zu eigen gegeben; nur war zwischen dem Maße darin ein Unterschied.

Band VII, Kap. 17, 2–3
Raphael: Nichts gibt es, was nicht aus Gott hervorgegangen wäre. Alles, was von Ewigkeit her den unendlichen Raum erfüllt, ist Sein Gedanke, Seine Idee, Seine Weisheit, Sein Wille!

Seine Gedanken in der nie versiegbaren, endlosen Fülle von einer Ewigkeit zur andern sind die Ursubstanzen und Urstoffe, aus denen alles, was auf Erden und in den Himmeln geschaffen ist, durch die ewige Macht des göttlichen Willens besteht. Und kein Gedanke, keine Idee kann ohne Gottes Willen fortbestehen.

Textausschnitt aus »Die Geistige Sonne« von Jakob Lorber

Band II, Kap. 126, 19–20 (23)
Ich streue das Leben in den kleinsten Partikeln aus Mir heraus in die endlosen Gebiete Meines allwaltenden Seins, um aus jedem dieser kleinsten Lebenspartikel ein höchstpotenziertes Leben zurückzubekommen.

4 Aussagen von medialen Mitteilungen über den »Geisterfall«

Zusammenfassung der Aussagen:

Aussage 1: Da alle Urgeister nicht vollendet erschaffen wurden, sondern sich allmählich zur individuellen Vollendung entwickeln sollten, mußten sie alle die Entwicklungsphasen der Unreife, der Unerfahrenheit und der mangelnden Erkenntnis durchlaufen.

Aussage 2: Das größte Geschenk Gottes an die von ihm erschaffenen Geistwesen, die Willensfreiheit, schloß die Möglichkeit mit ein, von den von Gott vorgezeichneten Wegen abzuweichen.

Aussage 3: Ein großer Teil der Urgeister erlag in der Entwicklungsphase der Versuchung, sich von Gott abzuwenden, um anderen als den von Gott gegebenen Zielen zu folgen.

Aussage 4: Den Geistern, die sich von Gott abgewandt hatten, wurde die Schöpfungskraft genommen, um deren Mißbrauch zu verhindern.

Aussage 5: Es erfolgte eine Trennung der abgefallenen Geister von den treu gebliebenen. Auch die Dualpaare wurden getrennt.
(Mythologisch wird dieses Geschehen »Geisterfall« genannt und mit Luzifer als Verführer in Verbindung gebracht.)

Kommentar:

Der freie Wille, mit dem alle Geistwesen ausgestattet waren, führte im Zusammenwirken mit den unterschiedlichen Individualitäten der Urgeister sowie aufgrund ihrer Entwicklungsphasen der Unreife, Unerfahrenheit und der mangelnden Erkenntnis dazu, daß nur ein Teil von ihnen von vornherein die Richtigkeit und Weisheit der göttlichen Gesetze erkannte und anerkannte und in langsamem Reifungsprozeß sich dieser Erkenntnis immer sicherer wurde. Ein anderer Teil dagegen erkannte diese Gesetze nicht an und hielt andere Wege der Entwicklung für besser und richtiger.

Es wird in den medialen Mitteilungen unterstellt, daß Gott diese Entwicklung vorausgesehen und unter Befolgung seines eigenen Gesetzes vom freien Willen nicht verhindert hatte. Er sah diesem Geschehen geduldig zu bis zu einer Phase, in der ein durch den freien Willen möglich gewordener Mißbrauch der Schöpfungskraft ein grundsätzliches Eingreifen notwendig werden ließ.

Auf diese geistige Fehlentwicklung, die sich aufgrund des freien Willens der Geistwesen herausgebildet hatte, und die zu einem Chaos größten Ausmaßes und damit zu einer unübersehbaren Gefahr für die gewollte Entwicklung geführt hätte, reagierte Gott mit schicksalsschweren Gegenmaßnahmen, die für die betroffenen Geistwesen unvorstellbare und unerwartete dramatische Folgen haben mußten. Es kam zur Abtrennung eines Teils der Geistwesen –, in der mythologischen Darstellung »Geisterfall« genannt.

Die ausschließlich feinstoffliche Phase der Lebensentwicklung der Urgeister fand nach unermeßlich langer Zeit mit dem Geisterfall ihren Abschluß. Gott versagte einem Teil der Urgeister nach Erreichung einer bestimmten Gradstufe der geistigen und moralischen Fehlentwicklung den weiteren Verbleib in der bisher gewohnten rein feinstofflichen Umwelt.

Gott wollte jedoch diejenigen Urgeister, die sich fehlentwickelt hatten, nicht etwa für ewig verbannen oder gar vernichten, sondern in entsprechender Umgebung durch harte Prüfungen und eigene Erfahrungen langsam zur Erkenntnis und Anerkennung seiner Gesetze heranreifen und zur freiwilligen Umkehr gelangen lassen.

Textausschnitte aus der Bibel

Hiob 4, 18
Siehe, seinen Dienern traut er nicht, und seinen Boten wirft er Torheit vor.

Hiob 15, 15
Siehe, seinen Heiligen traut Gott nicht, und selbst die Himmel sind nicht rein vor ihm.

Textausschnitte aus »Das Buch Emanuel« von B. Forsboom

Seite 19
Die erstgeschaffenen reinen Geister mußten drei Eigenschaften haben: Schöpfungskraft, Willensfreiheit und Kenntnis der führenden Gesetze . . . Und doch war in diesen dreien die Möglichkeit des Auflehnens gegen Gott gegeben. Ohne Willensfreiheit wäre eine Gegensätzlichkeit zum Gotteswillen nicht möglich, ohne Kenntnis der Gesetze, in denen sie ihre Entwicklung ausbilden sollten, wäre das Verlassen dieser Gesetze kein Fall, keine Sünde für die Geister gewesen; und im Mißbrauch ihrer Schöpfungskraft lag die Handlung, die der Ausdruck dieses ausgesprochenen Willens war.

Seite 23
. . . Dem reingeschaffenen Erstlingsgeist fehlte die Vollkommenheit; er konnte Gott noch nicht lieben in dem wahren Begriffe dieses Wortes, weil er Ihn noch nicht ganz erkannte . . . Ihr müßt den Fall eines Teiles der reinen Erstlingsgeister . . . nicht mit den Sünden von Geistern auf eurer Stufe vergleichen wollen. Es war eine Trübung, die ihr als solche kaum fassen könntet und die doch in jenem intensiven Licht sich dunkel hervorhob. Nicht vollständiges Anschmiegen des Erstlingswillens an den Gotteswillen, wie er sich ihm seiner Entwicklungs-

stufe gemäß offenbaren konnte, nicht Einsetzen der ganzen Kraft, die seiner Entwicklungsstufe gegeben war, ein nicht intensiv genug Empfinden: »Du großer, noch unerkannter Gott bist unser einzig Ziel, unsere einzige Sehnsucht« – dies waren die Wolken, die aufstiegen und, sich verdichtend, den Blick dieser Geister immer mehr verdunkelten.
Durch nicht mehr einheitliches Streben entstand eine elementare Veränderung in der Wesenheit . . . und dies mußte nun ungesetzliche Schaffungen oder – besser gesagt – Verbindungen und Vermischungen der Urstoffe zu Neubildungen, die nicht mehr gesetzlich waren, zur Folge haben.

Textausschnitte aus »Der Verkehr mit der Geisterwelt Gottes« von J. Greber

Seite 262
Gott wußte nicht im voraus, ob von den geschaffenen Geistern einige oder viele zum Abfall kamen, und selbstverständlich auch nicht, welche von diesen Geistern abfallen würden. Er kannte bloß die Möglichkeit des Abfalles, die ja im freien Willen selbst gegeben war.

Seite 268
Der freie Wille, der als höchstes Geschenk des Schöpfers den Geistern zuteil geworden war, gab ihnen freilich auch die Möglichkeit, sich den Anordnungen ihres von Gott gesetzten Königs zu widersetzen.

Textausschnitt aus »Die Geistige Welt« Jahrgang 27 – Josef

Seite 227
Zuerst war alles im Geist. Alles hatte sein Leben im unsichtbaren Reiche Gottes. In diesem Reich lebten, wirkten und entfal-

teten sich die Wesenheiten. Sie hatten eine Welt vor sich, die für sie gut war und in der sie sich bestätigten. In ihr hätten sie für alle Zeit in Zufriedenheit leben können. Doch dann kam es in der geistigen Welt zu Zwietracht. Es mag dem einen oder anderen unverständlich, unbegreiflich sein, daß es im Himmel zu Ungerechtigkeit, Streit, Herrschsucht kommen konnte. Man vergißt dabei eines, und dies ist eine Lücke in der christlichen Lehre: Gott gab den Wesen den freien Willen! . . .

Textausschnitt aus »Das Große Evangelium Johannes« von Jakob Lorber

Band II, Kap. 221, 4
Jesus: Am Ende der unmeßbar langen Bildungsperiode der Urgeister gab es eine noch übergroße Zahl solcher Art Wesen, die, obwohl sie die rechten Bildungswege Gottes wohl begriffen, von einem freien Verhalten auf diesen Wegen dennoch nichts wissen wollten, sondern des schneller folgenden, wennschon nur kurz dauernden Vorteils wegen von dem gebotenen und wohl gezeigten Ordnungswege Gottes abwichen und den Weg ihres Verderbens betraten.

5 Aussagen von medialen Mitteilungen über die »Schaffung der Läuterungssphären«

Zusammenfassung der Aussagen:

Aussage 1: Als Lebensraum für die gefallenen Geister wurden eine jenseitige halbmaterielle Läuterungssphäre und der materielle Kosmos geschaffen. (In der mythologischen Darstellung wurde dieser Schöpfungsakt im Auftrage Gottes von Christus durchgeführt.)

Aussage 2: Den gefallenen Geistern wurde damit Gelegenheit gegeben, in inkarnierter Form auf einem der vielen Planeten, in exkarnierter Form in der jenseitigen Läuterungssphäre sich langsam zur Reife zu entwickeln.

Aussage 3: Die Menschen sind inkarnierte Geistwesen und gehören mit geringen Ausnahmen der großen Gruppe der gefallenen Geister an.

Kommentar:

Es wird unterstellt, daß Gott den Abfall eines Teiles der Geistwesen vorausgesehen und im Sinne einer freien Entwicklung der Persönlichkeit für nicht vermeidbar gehalten hatte. Seine Liebe galt daher den gefallenen Geistern in gleichem Maße wie den treu gebliebenen.

Im Gleichnis vom verlorenen Sohn ist dieses Geschehen und die Haltung Gottes symbolisch dargestellt.

Die Trennung der beiden Gruppen war unumgänglich notwendig, da den gefallenen Geistern die Schöpfungskraft genommen werden mußte.

Sie wurden in einen anderen Zustand höherer Verdichtung versetzt, der einen weiteren Aufenthalt in unmittelbarer Gottnähe unmöglich werden ließ.
Gott sah sich daher veranlaßt, für die gefallenen Geister eine neue Heimstatt zu schaffen, in der alle Möglichkeiten zur Erlangung der erforderlichen Erkenntnis und der angemessenen langsamen Entwicklung zur Vollendung der Wesenheit, und damit zur Rückkehr gegeben waren.
Es entstanden eine halbmaterielle Läuterungssphäre und der materielle Kosmos.
Den gefallenen Geistwesen wurde die Fähigkeit der Verwandlung gegeben. Sie konnten und können in feinstofflicher Form in der jenseitigen halbmateriellen Sphäre (mythologisch »Hölle« »Fegefeuer« »Paradies« »Himmel« genannt) existieren und ihre Prüfungsaufgaben erfüllen, sie konnten und können aber auch in inkarnierter Form als Menschen auf einem Planeten, z. B. der Erde, leben und die solchen Lebensräumen entsprechenden schwierigen Aufgaben und härteren Prüfungen auf sich nehmen.
Die Übergänge von dem einen zum anderen Lebensraum heißen Geburt oder Tod.

Textausschnitte aus der Bibel

Kol. 1, 15
Er ist das Ebenbild des unsichtbaren Gottes, der Erstgeborene vor allen Kreaturen. Denn in ihm ist alles geschaffen, was im Himmel und auf Erden ist, das Sichtbare und das Unsichtbare –

Hebr. 1, 1–2
Nachdem vorzeiten Gott manchmal und auf mancherlei Weise geredet hat zu den Vätern durch die Propheten, hat er in diesen letzten Tagen zu uns geredet durch den Sohn. Ihn hat Gott gesetzt zum Erben über alles; durch ihn hat er auch die Welt gemacht.

1 Tim. 2, 4
. . . welcher will, daß allen Menschen geholfen werde und sie zur Erkenntnis der Wahrheit kommen.

Joh. 1, 10
Er war in der Welt, und die Welt ist durch ihn gemacht; aber die Welt erkannte ihn nicht.

Textausschnitte aus »Das Buch Emanuel« von B. Forsboom

Seite 19
Das Ergebnis der mißbrauchten Schöpfungskraft seiner verirrten Kinder schloß er in versöhnende Gesetze ein, und indem er dieser Geistmaterie oder Halbmaterie Entwicklungs- und Ausbildungsfähigkeit gab, verwandelte er Chaos in Gesetzlichkeit.

Seite 24
Wenn eine Gottesgabe durch den Unwert des Geistes diesem zum Schaden gereicht, so nimmt Gott diese Gabe nicht zurück, sondern bestimmten Gesetzen gemäß werden den Wirkungen dieser Gabe nur engere Grenzen gezogen.

Seite 31
Das Urlicht Gottes ist seine Materie. Die Verdichtung der Materie zu so grober, derber Erscheinungsform wie der euren ist Folge des Geisterfalls.

Textausschnitte aus »Der Verkehr mit der Geisterwelt Gottes« von J. Greber

Seite 287
Wo eure Bibel von der irdischen Schöpfung erzählt, stellt sie es so dar, als ob dies eine neue vollständig selbständige Schöpfung

sei, die mit der Geisterschöpfung und dem Abfall eines Teiles der Geisterwelt in keinerlei Verbindung steht.

Seite 371
Über die Schöpfung und ihr Schicksal enthält das Neue Testament nicht viel. Die Wahrheit über die Geisterschöpfung, den Abfall eines Teiles der Geisterwelt unter der Führung Luzifers, über die von Gott geschaffenen Besserungsstufen, auf denen die abgefallenen Geister wieder zu Gott zurückgeführt werden, über die Einhüllung der Geister in die Materie, war für die damaligen (biblischen) Zeiten ebenso schwer verständlich, wie sie es für eure jetzige Zeit ist.

Textausschnitte aus »Das Große Evangelium Johannes« von Jakob Lorber

Band II, Kap. 227, 12
Jesus: Daß ein Teil der urgeschaffenen Geister die »Du-sollst-Gebote« nicht beachtete, führte zur sichtbaren Schöpfung, welche als ein Gericht auf die Nichteinhaltung der gegebenen Gebote folgen mußte und, geistig genommen, nichts als der längere Weg zur seligsten, vollreifen Existenz der geschaffenen Geister ist.

Band II, Kap. 232, 3
Die Materie oder der gefestete Gotteswille ist eine Erlösungsanstalt, durch welche die beim Falle Satans mitgefallenen Sondergeister nach der bestehenden Ordnung die vollkommen selbständige Freiheit erreichen können.

Band VII, Kap. 17, 7–8
Raphael: . . . Aber es ist in dieser freien, selbständigen Umkehr auf den zahllos vielen und höchst verschiedenartigen Weltkörpern ein ebenso großer Unterschied wie in und zwischen den

Weltkörpern selbst! – Die vollkommenste Rückkehr zu Gott ist und bleibt nur auf dieser Erde möglich, weil hier jeder Mensch in seiner Seele und in seinem Geiste Gott vollkommen ähnlich werden kann, wenn er nur will! Denn wer hier nach Gott strebt, der wird auch zu Gott kommen!

Band VIII, Kap. 12, 4
Jesus: Alle materielle Schöpfung ist ein fortwährendes Gericht nach der unwandelbaren Ordnung und Meiner Macht. Dieses Gericht muß sein, damit die Seelen der Menschen auf seinem harten Boden die Freiheit und die volle Selbständigkeit des ewigen, unverwüstbaren Lebens sich erkämpfen können.

6 Aussagen von medialen Mitteilungen über »Geist–Seele–Körper«

Zusammenfassung der Aussagen:

Aussage 1: Der Mensch besteht aus Geist, Seele und Körper. Geist und Seele sind untrennbar miteinander verbunden und unsterblich.

Aussage 2: Geist und Seele sind feinstoffliche, symbiotische Partialwesen mit eigenem Verstand und Bewußtsein.

Aussage 3: Der Geist enthält einen göttlichen Kern, er ist Sitz der Ideen, des freien Willens und der Individualität. Die Seele umhüllt den Geist, sie ist Sitz der Lebenskraft und der Gefühle.

Aussage 4: Der Körper ist für die Zeit des irdischen Daseins Werkzeug für Geist und Seele. Letztere ist das Bindeglied zwischen Geist und Körper.

Aussage 5: Fast alle Krankheiten haben ihren Ursprung in der Seele.

Kommentar:

Viele mediale Mitteilungen enthalten in weitgehender Übereinstimmung die Aussagen, daß der Mensch ein »Drei-Wesen« sei, bestehend aus Geist, Seele und Körper. Diese Aussage ist überraschend, da sich in der Wissenschaft von der Seele, der Psychologie, kaum Hinweise dieser Art finden lassen. Dieses Faktum erklärt sich dadurch, daß in der im wesentlichen empirisch orientierten Psychologie auf eine Definition des Begriffes »Seele« weitgehend verzichtet wurde zugunsten der Erforschung des »Seelischen«, der »Verhaltensweisen« und der »Bewußtseinserscheinungen«.

In der Philosophie und auch in der Theologie finden sich jedoch entsprechende Denkansätze und Hinweise auf die »Dreiteilung« des Menschen in »Geist, Seele und Körper«.
Auch auf die Unsterblichkeit von Geist und Seele wird in den philosophischen und theologischen Schriften hingewiesen.
Nach den medialen Schriften können Geist und Seele als symbiotisch vereinigte Partialwesen aufgefaßt werden, deren Eigenständigkeit in der Symbiose weitgehend erhalten bleibt und durch eine dreifache Bewußtseinsschichtung gekennzeichnet ist. Offenbar existieren im Menschen außer dem gehirnorientierten Wachbewußtsein noch eine seelische und eine geistige Bewußtseinsschicht mit erweiterten Bewußtseinshorizonten und Erkenntnistiefen.
Der Primat liegt in dieser geistig-seelischen Symbiose beim Geist, der als das eigentlich Urerschaffene angesehen werden muß. In ihm liegt ein göttlicher Kern als Urquelle des Lebens und der Individualität. Er ist der Ursprung der Ideen, der Sitz der Fähigkeit zum freien Willen und zur Erlangung abstrakter Erkenntnisse.
Die Seele umhüllt den Geist; sie ist von ihm geformt, dient seinem Schutze und gibt ihm die Möglichkeiten, nach außen zu wirken. Sie ist der Sitz der Gefühle und der im Körper wirkenden Lebenskraft. Der Geist kann nicht direkt auf den Körper einwirken, sondern er bedarf dazu der Vermittlung der Seele.
Der Körper ist mit all seinen Organen, Sinnen und dem Gehirn für die Dauer eines irdischen Daseins Werkzeug für das aus Geist und Seele bestehende symbiotische Doppelwesen, in dieser Studie »Geistseele« genannt. Letztere ist unsterblich und außerhalb des Körpers als Geistwesen existenzfähig. Der Mensch muß daher als inkarniertes Geistwesen betrachtet werden.
Ebenso wie der Geist auf die Seele einwirkt, um den Körper zu steuern, wirken auch die Sinneswahrnehmungen und Körperfunktionen auf die Seele zurück und beeinflussen deren das menschliche Verhalten lenkende Wirkung.
Da der Körper nicht aus sich heraus lebt, sondern durch die

Lebenskraft der Seele belebt wird, sind auch die meisten Krankheiten psychogener Natur. Nach den medialen Aussagen ist diese Wechselwirkung von der medizinischen Forschung bisher noch zu wenig erkannt und beachtet worden.

Textausschnitt aus der Bibel

1 Kor. 15, 40
Und es gibt himmlische Körper und irdische Körper; aber eine andere Herrlichkeit haben die himmlischen und eine andere die irdischen.

Textausschnitte aus »Das Buch Emanuel« von B. Forsboom

Seite 43
Die Seele ist das Gewand, das Antlitz des Geistes; was der Geist ist, das ist die Seele . . . Der Mensch hat nicht zwei Seelen, eine geistige und eine vegetative; er besteht aus Geist, Seele und Körper.

Seite 55
Unser wahres Ich ist gleichbedeutend mit unserer geistigen Individualität.

Seite 56
Die Individualität ist ein gottgebundenes Merkmal des Geistes, wie Liebe und freier Wille.

Seite 58
Geist ist jene Schaffung Gottes, die gottähnlich beeigenschaftet ist mit freiem Willen, Fähigkeit höchster Erkenntnis und höchster Liebe und die als Stempel, als Antlitz, als Eigenart, als Name, als Schlußstein jener Einheit, die es ihm unmöglich

macht, jemals unterzugehen, . . . die Individualität erhalten hat.

Seite 148
Im Menschen ist die Seele das notwendige Bindeglied zwischen Geist und Körper, ohne das sich der Geist nicht durch die Materie äußern könnte.

Seite 149
Jeder gottgeschaffene Geist ist Lebenskern und folglich Bewegung; der Entwicklungsstufe des Geistes ist die durch seine Entwicklungskraft gebildete Hülle angepaßt . . . Diese Hülle könnt ihr nun Seele, Astralleib, Lichtleib oder geistigen Leib nennen . . . Dieser geistige Leib ermöglicht dem Geist die Verbindung mit der Materie.

Textausschnitte aus »Botschaften aus dem Jenseits« von Geistlehrer Josef

Band II, Seite 113
Viele Krankheiten der Menschen kommen von der Seele her. Jenen Menschen ist schwer zu helfen, die in ihrer Seele krank sind.

Band III, Seite 180
Mein lieber Freund, der Körper, den du hast, soll einem Tempel gleichen. In diesem Tempel ist ein kostbares Gefäß, das sich Seele nennt, und dein Geist thront in dieser Seele.

Band III, Seite 181
Der Funke Gottes, der unendlich viel Kraft besitzt, wartet nur darauf, sich auszudehnen, zu wirken. Auch er nimmt von der Seele auf, aber der Geist gibt auch der Seele Kraft, und die Seele spendet entsprechend dem Körper oder Tempel, wie ich ihn nenne.

Textausschnitte aus »Das Große Evangelium Johannes« von Jakob Lorber

Band V, Kap. 51, 3
Raphael: Jeder Mensch hat eine unsterbliche Seele und in ihr einen ewigen Geist. Auf daß die Seele als ein sich aus der Materie entwickelnder Geist mit dem Urgeist Gottes, der Liebe heißt, eins werde, muß die Seele all ihr Streben dahin richten, fürs erste sich der Materie und ihren Anforderungen zu entziehen, all ihr Trachten, Tun und Treiben allein nach dem Geistigen zu richten, und fürs zweite fortwährend nur dafür besorgt sein, eins zu werden mit dem in ihr ruhenden Geiste der reinen Liebe Gottes.

Band V, Kap. 221, 3
Jesus: Hat schon die Seele des Menschen ein unendliches Gedankengebiet, um wie unendlich viel mehr der ewige göttliche Geist in ihr, der in sich die Kraft, das Licht und das Leben selbst ist. Ich sage dir: dieser Geist ist es, der alles im Menschen schafft und ordnet; die Seele aber ist nur ein substantieller Leib des Geistes, gleich wie der Fleischleib ein Behälter der Seele ist so lange, bis sie eine gewisse Solidität erreicht hat.

Band VI, Kap. 218, 1
Die Seele als eine geistige Substanz ist ganz vollkommen Mensch sowohl der Gestalt als auch allen Bestandteilen des Leibes nach.

Band VII, Kap. 69, 5
Raphael: Der innere Geist arbeitet unablässig dahin, die Seele ehestmöglich reif und völlig frei zu machen, jedoch kann und darf er ihr nicht den geringsten Zwang antun, weil dadurch die Seele noch unfreier würde, als sie durch alle Einflüsse der Außenwelt je werden könnte. Darum ward der Seele in ihrem Leibe ein eigener Verstand und Wille gegeben . . .

Band VIII, Kap. 129, 5
Der Leib des Menschen kann weder etwas glauben noch wollen, sondern er dient der Seele eine kurze Zeit nur als ein Werkzeug zur Tätigkeit nach außen und sonach auch zu ihrer Ausbildung; das Denken, Lieben, Wollen und Handeln nach den erkannten Wahrheiten ist Sache der Seele.

Band IX, Kap. 58, 6
Jesus: Niemand weiß, was im Menschen verborgen ist, als nur der Geist, der im Innersten des Menschen wohnt.

Band X, Kap. 172, 5
Jesus: Der Leib ist der Seele Haus, und der Geist in ihr ist dazu von Gott gegeben, daß er die Seele erwecke und unterweise in allem, was geistig ist, und sie mit ihm auch in Verkehr setze. Wie kann aber der Geist das, wenn die Seele, im Besitze ihres freien Willens, sich zumeist außerhalb ihres Hauses befindet und sich erlabt am Weltlicht?

Textausschnitte aus »Mediale Schriften« von Dr. Karl Nowotny

Band I, Seite 12
Ich sprach . . . von Geist und Seele und daß sie allein unsterblich sind, während der Körper vergeht und stirbt . . . Der Geist ist – wie gesagt – der innere wertvolle Kern, die Seele seine Hülle oder Kleid.

Band I, Seite 16
Besonders die Medizin wird von Grund auf geändert werden. Sobald man zur Überzeugung gelangt sein wird, daß jede Krankheit ihre Ursache in einer kranken Seele hat, wird man . . . die Behandlung – abgesehen von körperlichen Schäden – ganz auf die Seele und den Geist abstellen.

Band I, Seite 20
Während der Geist sich im Willen kundtut, erscheint die Seele im Ausdruck des Gefühlslebens.
. . . die Übertragung des Willens geht wie ein elektrischer oder auch magnetischer Strom auf die Seele über, die als Lebenskraft, je nach ihrem Zustand, die Verbindung zu den Organen herstellt.

Band I, Seite 21
Wenngleich Seele und Geist untrennbar miteinander verbunden sind, so ist es doch möglich, daß sie in ihrer Entwicklung verschiedene Wege gegangen sind.

Textausschnitte aus »Autobiographie eines Yogi« (20) von Paramahansa Yogananda

Seite 423
Der rematerialisierte Sri Yukteswar: Du hast in den heiligen Schriften gelesen, daß Gott die menschliche Seele nacheinander in drei Körper einschloß: den Idee- oder Kausalkörper, den feinstofflichen Astralkörper – Sitz des Verstandes und des Gefühls – und den grobstofflichen irdischen Körper.

Seite 437
Das wechselseitige Durchdringen der drei Körper zeigt sich in der dreifachen Natur des Menschen.
. . . im Wachzustand ist der Mensch sich mehr oder weniger aller drei Körper bewußt. Wenn seine Sinne mit Schmecken, Riechen, Tasten, Hören und Sehen beschäftigt sind, wirkt er vor allem durch seinen physischen Körper.
Wendet er Willens- und Vorstellungskraft an, wirkt er in erster Linie durch seinen Astralkörper.
Und wenn er tief nachdenkt, Innenschau oder Meditation übt, wirkt er hauptsächlich durch seinen Kausalkörper. Ein Genie

z. B. empfängt seine kosmischen Ideen dadurch, daß es die meiste Zeit mit seinem Kausalkörper verbunden bleibt.
In diesem Sinne gibt es vorwiegend materielle, tatkräftige oder intellektuelle Menschen.

Textausschnitte aus »Himmel und Hölle« von Emanuel Swedenborg

Seite 432
Wer es gehörig erwägt, kann wissen, daß der Körper, weil er materiell ist, nicht denkt, sondern die Seele, weil sie geistig ist ... und weil das Materielle nicht lebt, sondern bloß das Geistige, so kann offenbar sein, daß alles, was bei dem Menschen lebt, seinem Geist angehört, und daß der Körper diesem nur dient wie ein Werkzeug der lebendigen Bewegung.

Seite 273
... der Mensch hat, was die Tiere nicht haben, ein Innerstes, in welches das Göttliche einfließt, es zu sich erhebt und dadurch mit sich verbindet ...

7 Aussagen von medialen Mitteilungen über »Das Leben nach dem Tode«

Zusammenfassung der Aussagen:

Aussage 1: Der irdische Tod ist eine jenseitige Geburt.
Aussage 2: Geist und Seele verlassen beim Tode den Körper, um als Geistwesen das eigentliche Dasein im Jenseits weiterzuleben.
Aussage 3: Beim Übergang vom Diesseits ins Jenseits wird der materielle Körper durch einen feinstofflichen ersetzt. Die geistige Entwicklungsstufe bleibt zunächst unverändert.
Aussage 4: Die Geistseele des Menschen wird meistens nach dem Verlassen des irdischen Körpers im Jenseits von vorher verstorbenen Verwandten und Freunden begrüßt und abgeholt.

Kommentar:

Es steht außer Zweifel, daß die Beantwortung der Frage nach dem Leben nach dem Tode zu den wesentlichsten Anliegen der Menschen überhaupt gehört, wahrscheinlich sogar in einer Rangordnung der Bedeutungen den Platz Nr. 1 einnehmen würde. Alle anderen Probleme und Unsicherheiten treten zurück gegenüber der einen, die Existenz des Menschen unmittelbar betreffenden Frage: »Geht das Leben nach dem Tode weiter oder nicht?«
Die medialen Schriften berichten an vielen Stellen darüber, daß die Geistseele des Menschen nach dem irdischen Tode als Geistwesen im Jenseits weiterlebt. Darüber hinaus heißt es, daß das eigentliche menschliche Dasein das jenseitige sei und das

irdische Dasein lediglich eine kurzfristige Unterbrechung dieses eigentlichen Lebens als Geistwesen im Jenseits darstellt.
Wenn die Geistseele beim Tode den materiellen Körper verläßt, so bildet sich aus der feinstofflichen seelischen Substanz eine äußere Form, die der des verlassenen menschlichen Körpers entspricht, und zwar zumeist in dessen jugendlicher Gestalt. Man kann diesen Vorgang als eine jenseitige Geburt ansehen.
Wissen, Charakter und Reifegrad dieser zum Geistwesen gewordenen menschlichen Geistseele verändern sich zunächst nicht. Die Geistseele tritt so, wie sie im Augenblick des Todes beschaffen ist, mit all ihren positiven und negativen Erfahrungen und Eigenschaften, in die jenseitige Daseinsform ein.
Nicht nur in den medialen Schriften, sondern auch in den Erlebnisberichten klinisch toter, jedoch reanimierter Patienten wird ausgesagt, daß die Geistseele beim Verlassen des Körpers von vorher verstorbenen Verwandten und Freunden in Empfang genommen und in die neue Daseinsform eingeführt wird.
In vielen Jenseitsberichten kommt weiterhin zum Ausdruck, daß die meisten Geistseelen nach dem Erwachen im Jenseits von der Tatsache, daß das Leben nach dem Tode weitergeht, sehr überrascht sind. Manche glauben nicht, daß sie gestorben sind und sich im Jenseits befinden, sondern meinen zu träumen.

Textausschnitte aus der Bibel

Matth. 7, 21
Es werden nicht alle, die zu mir sagen: Herr, Herr! in das Himmelreich kommen, sondern die den Willen tun meines Vaters im Himmel.

Matth. 10, 28
Und fürchtet euch nicht vor denen, die den Leib töten und die Seele nicht können töten.

Luk. 20, 34–36
Und Jesus sprach zu ihnen: Die Kinder dieser Welt freien und lassen sich freien; welche aber gewürdigt werden, jene Welt zu erlangen und die Auferstehung von den Toten, die werden weder freien noch sich freien lassen. Denn sie können auch hinfort nicht sterben; denn sie sind den Engeln gleich und Gottes Kinder, weil sie Kinder sind der Auferstehung.

Luk. 23, 43
Und Jesus sprach zu ihm: Wahrlich ich sage dir: Heute wirst du mit mir im Paradiese sein.

1 Kor. 15, 44
Es wird gesät ein natürlicher Leib und wird auferstehen ein geistlicher Leib. Gibt es einen natürlichen Leib, so gibt es auch einen geistlichen Leib.

Textauschnitt aus »Das Buch Emanuel« von B. Forsboom

Seite 34
Die Auferstehung der Toten ist eine fortwährende, . . . nicht eine an eine bestimmte Zeit gebundene Erscheinung. Der Mensch stirbt, d. h. das aus Geist, geistiger Materie und derber Materie bestehende Dreiwesen streift die äußere Hülle, die derbe Materie ab und ist somit Geist, umgeben von einem verklärten Leib.

Textausschnitt aus »Im Jenseits« (19) von L. Engel

Seite 1
Mediale Mitteilung des verstorbenen Vaters Karl Engel
an seinen Sohn Leopold Engel

Als ich, wie man sagt, im Sterben lag und auch fühlte, daß es mit mir zu Ende ging, rief ich, wie du weißt, den himmlischen Vater um Hilfe an; denn ich muß bekennen, daß mir der Gedanke denn doch nicht so ganz sympathisch war, von der Erde scheiden zu müssen. Ich wäre ganz gerne wieder gesund geworden und hatte keine Ahnung, welche Gnade doch mir eigentlich zuteil wurde, daß ich die für euch so trübe Zeit gar nicht mehr auf Erden zu durchleben brauchte . . . Mein Rufen verhallte auch nicht ungehört; denn mir erschien mein Vater, der dir über seinen Hingang doch auch genau Mitteilungen zukommen ließ, und tröstete mich, wies mich auf den Herrn hin und ganz plötzlich fühlte ich, daß mein Körper wie etwas Schweres von mir abfiel und ich ganz frisch und munter dastand. Mein Vater umfaßte mich; mich überfiel eine Müdigkeit, so daß ich nicht mehr recht wußte, was mit mir geschah, sondern empfand nur, daß ich emporgehoben und fortgeführt wurde.

Textausschnitt aus »Der Verkehr mit der Geisterwelt Gottes« von J. Greber

Seite 169

Denn die Geister der Sterbenden werden von den ihnen im Tode Vorausgegangenen schon am Sterbebett in Empfang genommen und begrüßt, wenn sie ihnen im Leben nahe gestanden. Von ihnen werden sie auch belehrt und ermahnt, bevor sie an den Ort kommen, an den sie gemäß dem ihnen zuteil gewordenen Los hingehören.

Textausschnitte aus »Botschaften aus dem Jenseits« von Geistführer Josef

Band I, Seite 25

Für viele ist es eine Erlösung, für manche eine große Überraschung, ein großes Erwachen, weil sie nicht wußten, daß man noch an einem anderen Ort sein kann als auf der Erde.

Band III, Seite 81
Christus hat die Auferstehung gezeigt. Er ist gestorben und wieder auferstanden. So wird auch jeder Mensch seinen irdischen Leib ablegen, derselbe wird verwesen, aber das Unverwesliche wird gesetzmäßig weiterleben. Es wird in die geistige Welt eintreten.

Textausschnitt aus »Die Geistige Welt«

31, Nr. 7, Seite 90
Ihr müßt immer unterscheiden zwischen dem Menschen und dem in ihm wohnenden Geist. Der Geist des Menschen weiß mehr von dem, was ihn in der Zukunft erwartet. Er weiß zum allergrößten Teil auch, wann er von dieser Welt abzutreten hat. Doch das ist für ihn nicht erschreckend wie für manche Menschen. Für den Geist ist der Tod ja etwas Befreiendes.

Textausschnitte aus »Reise in die Unsterblichkeit« von R. J. Lees

Band I, Seite 39
Der Mensch begeht durchweg den Fehler, das Erdenleben als Hauptform und nicht viel mehr als untergeordnete Form seiner Existenz zu betrachten. Als geistiges Wesen sollte er schon auf Erden lernen, alle Dinge vom Geistigen her zu sehen . . .

Band I, Seite 192
Wenn das in Fülle vorhandene Beweismaterial erst einmal objektiv und gründlich untersucht worden ist, wird die Unsterblichkeit keinen Augenblick länger eine Sache des Glaubens sein, sondern eine anerkannte wissenschaftliche Tatsache.

Textausschnitte aus »Das Große Evangelium Johannes« von Jakob Lorber

Band II, Kap. 232, 7
Jesus: Was Gott einmal ins Leben gerufen hat, kann wohl die Form verändern und aus einer minder edlen in eine edle übergehen, oder auch umgekehrt, doch niemals vernichtet werden.

Band VII, Kap. 217, 2
Jesus: Sieh, wenn Gott die Menschen nur für die Erde bestimmt hätte, dann wäre es wohl eine sonderbare Liebhaberei von ihm, sie erst zu erschaffen und sie dann zu zerstören. Aber weil Gott die Menschen für ein höheres, ewiges Leben geschaffen hat und nur so lange auf dieser Erde beläßt, bis sie die nötige Willensfreiheitsprobe durchgemacht haben, so ist das ein Beweis für die wahre, lebendige Liebe Gottes zu seinen Menschen. Verläßt der Mensch diese Erde, so wird er jenseits in solche Schulhäuser geführt, die für ihn zur Erlangung einer höheren und wahren Lebensvollendung geeignet sind.

Textausschnitte aus »Mediale Schriften« von Dr. Karl Nowotny

Band I, Seite 13
Für das Geistwesen ist das eigentliche Leben das jenseitige und daher die Geburt in die irdische Welt der Tod für die Zeitspanne, da es im materiellen Körper verweilen muß. Der irdische Tod ist aber die Geburt oder Auferstehung zu einem jeweils höheren Leben im Jenseits, als es vor der Geburt auf der materiellen Welt war.

Band I, Seite 22
... Es muß dazu gesagt sein, daß der Mensch oder besser gesagt das Geistwesen, das von der Erde Abschied nimmt, um ins Jenseits herüberzukommen, mit allen seinen Sorgen und

Kümmernissen, mit allen Fehlern und Irrtümern herüberkommt und ... mehr oder weniger lange braucht, um den Weg zur Wahrheit zu finden.

Band I, Seite 61
Nachdem alle Formalitäten erledigt waren und man meinen Körper in einen Sarg legte, da wußte ich, daß ich gestorben sein muß. Ich wollte es trotzdem nicht glauben.

Band I, Seite 62
In dem Augenblick, da mir bewußt wurde, daß ich die irdische Welt verlassen hatte, sah ich meine gute Mutter. Strahlend kam sie mir entgegen und sagte mir, daß ich nun im Jenseits sei ... Ich konnte aber noch nicht glauben, daß es so sei und meinte, geträumt zu haben.

Textausschnitt aus »Autobiographie eines Yogi« von Paramahansa Yogananda

Seite 426
In den meisten Fällen gleicht der Astralkörper der Form des letzten irdischen Körpers. Gesicht und Gestalt eines Astralwesens ähneln der jugendlichen Erscheinung seiner letzten irdischen Verkörperung.

Textausschnitt aus »Himmel und Hölle« von Emanuel Swedenborg

Seite 185
Viele der Kurzverstorbenen, als sie sahen, daß sie als Menschen leben wie zuvor und in ähnlichem Zustande, fühlten neue Freude darüber, daß sie leben und sagten, dies hätten sie nicht geglaubt ...

8 Aussagen von medialen Mitteilungen über »Das Jenseits«

Zusammenfassung der Aussagen:

Aussage 1: Außer dem uns bekannten materiellen Kosmos existiert ein uns nicht sichtbarer feinstofflicher Kosmos, das Jenseits, das von Geistwesen bewohnt wird.

Aussage 2: Die irdischen Raum-Zeit-Gesetze haben im Jenseits nur bedingte Gültigkeit.

Aussage 3: Räumliche Gebilde werden im Jenseits von den Geistwesen aus einer feinstofflichen Substanz, Od genannt, geschaffen und geformt.

Aussage 4: Im Jenseits gibt es auf feinstofflicher Basis Landschaft, Wohnstatt, Gegenstände, Pflanzen und Tiere.

Aussage 5: Die Landschaften im Jenseits und ihre Bewohner sind durch Form- und Farbschönheit gekennzeichnet.

Aussage 6: Die Gewänder der Geistwesen zeigen bestimmte Farbmuster, die dem Vollendungsgrad der jeweiligen Geistwesen entsprechen.

Aussage 7: Es gibt bei den Geistwesen kein Altern und keine Krankheiten.

Aussage 8: Die Verständigung erfolgt im Jenseits durch Telepathie, wodurch jedes Mißverständnis ausgeschlossen ist.

Aussage 9: Die Fortbewegung erfolgt durch Gedankenkraft.

Aussage 10: Ähnliches zieht Ähnliches an.

Aussage 11: Die Geistwesen leben in geistigen Gemeinschaften.

Aussage 12: Das Jenseits ist dem Vollendungsgrad der Geistwesen entsprechend in verschiedene Sphären oder Bereiche eingeteilt, die Himmel, der Mittelbereich und die Höllen.

Aussage 13: Das Jenseits wird von einem geistigen Licht durchdrungen, das in den Himmeln sehr intensiv ist und in den Höllen fast ganz fehlt.

Kommentar:

Die Existenz eines Jenseits als feinstoffliche Umwelt und Lebensraum für Geistwesen erscheint auf der Basis des raumzeitlichen Denkens als unverständlich. Unser Vorstellungsvermögen wird überfordert, wenn in medialen Schriften ausgesagt wird, daß Diesseits und Jenseits sich durchdringen können, und daß Geistwesen die Fähigkeit besitzen, Materie zu durchdringen. Auch ist ein anderer Zeitbegriff, z. B. die Möglichkeit der Vor- und Rückschau, für den menschlichen Verstand kaum faßbar.
Andererseits gibt es im Bereich der Physik Phänomene, die nur beschrieben, jedoch nicht erklärt werden können. Ebenso haben wir uns daran gewöhnt, daß es Lebewesen gibt, daß wir selbst dazu gehören; – eine Erklärung für die Lebenserscheinungen gibt es jedoch nicht! Gerade das Phänomen des Lebens läßt erkennen, daß es außer der uns sichtbaren vierdimensionalen Welt noch etwas anderes, Höherdimensionales gibt, das in die materielle Welt hineinwirkt.
Theoretiker sind dabei, diese höheren Dimensionen mathematisch zu definieren.
Nach den medialen Aussagen basieren die diesseitigen und die jenseitigen Phänomene auf derselben Ursubstanz, jedoch in verschiedener Verdichtungsform, die im Jenseits als feinstoffliches Od, im Diesseits als Materie in Erscheinung tritt. Träger der Lebenserscheinungen ist nach dieser Darstellung ebenfalls das Od.
Als Ursubstanz wird das Urlicht genannt, das nur geistig wahrgenommen werden kann und offenbar Träger aller geistigen Phänomene ist.

Das Od ist durch den Geist beeinflußbar, formbar und gestaltbar. Auf der Grundlage dieser Eigenschaften des Od müssen die medialen Berichte verstanden werden, die von körperhaften Geistwesen, von jenseitigen Landschaften, Wohnungen, Pflanzen und Tieren sprechen. In der höherdimensionalen jenseitigen Welt gibt es demnach auch dreidimensionale Gebilde.
Die Körper der Geistwesen haben eine wesentlich andere Funktion als die materiellen Körper der Menschen. Es gibt kein Altern und keine Krankheiten; auch spielt die Ernährung eine andere Rolle.
Die Verständigung erfolgt durch Telepathie, eine Gedanken-Bildersprache ohne Mehrdeutigkeiten, die jede Form von Mißverständnis ausschließt.
Die Fortbewegung wird durch Gedankenkraft in Form von Teleportation bewirkt.
Bei der Farb- und Formgestaltung der durch die Geistwesen geschaffenen Gebilde kommen den Berichten nach ästhetische Grundsätze zur Auswirkung, die den irdischen ähnlich sind. Alles gegenständlich Geschaffene hat im Jenseits jedoch nur sekundäre Bedeutung. Die vielfach beschriebene jenseitige Umwelt und die jenseitigen Daseinsformen dienen allein dem Zweck, den Rahmen für die geistige Weiterentwicklung der Geistwesen zu bilden. Die Formen verändern sich jeweils mit dem inneren Lebenszustand. Analog dem geistigen Fortschreiten einer Seele veredeln und verwandeln sich Gestalt, Gewand und die jenseitige Umwelt. Im höchsten Vollendungszustand, d. h. im höchsten Himmel bleiben die Formen, weil hier die höchstmögliche Harmonie der Formen, bzw. der höchste Ausdruck der göttlichen Urformen erreicht ist.
Das Leben im Jenseits ist nach übereinstimmenden Darstellungen streng hierarchisch geordnet. Die Geistseelen der verstorbenen Menschen gelangen zunächst in den Mittelbereich, um hier auf das eigentliche weitere Dasein im Jenseits vorbereitet zu werden. Von hier aus werden sie, sofern sie einen entsprechenden Reifegrad aufweisen, in die hellen Läuterungssphären der Himmel geleitet. Bei erkannter Unreife und Verschuldung

werden sie in die dunklen Läuterungssphären der Höllen verwiesen. Das Leben in den oberen Läuterungssphären, die Erfüllung von Aufgaben, die eine Läuterung und Weiterentwicklung ermöglichen, findet in Gemeinschaften von gleichgesinnten und gleichinteressierten Geistwesen statt.

Textausschnitt aus der Bibel

Joh. 14, 2–4
In meines Vaters Hause sind viele Wohnungen. Wenn's nicht so wäre, würde ich dann zu euch gesagt haben: Ich gehe hin, euch die Stätte zu bereiten? Und wenn ich hingehe, euch die Stätte zu bereiten, so will ich wiederkommen und euch zu mir nehmen, damit ihr seid, wo ich bin. Und wo ich hingehe, – den Weg wisset ihr.

Textausschnitt aus »Das Buch Emanuel« von B. Forsboom

Seite 69
Der Geist hat nur eine Sprache: den Gedanken, den Willen, die Sehnsucht, und es bedarf keiner Übersetzung oder Materialisation zur Tat. Wille und Tat sind eins.

Textausschnitt aus »Im Jenseits« von Leopold Engel

Seite 16
Der Traum ist auch ein Gebilde der Seele, wenn auch ohne Realität, d. h. ohne greifbare Darstellung; der Gedanke im Jenseits hat aber Schöpferkraft, wenn auch das Gebilde sich in seine Urelemente wieder auflöst.

Textausschnitte aus »Botschaften aus dem Jenseits« von Geistlehrer Josef

Band I, Seite 79
Das Haus Gottes ist ein unendliches Licht.

Band I, Seite 160
Für ein Geistwesen ist es nicht schwer durchzudringen durch einen Baum, durch ein Haus und durch eine Tür. Es geht einfach hindurch, es nimmt alle seine Fluide mit.

Band I, Seite 187
In der geistigen Welt ist der Begriff »Zeit« nicht gleich wie bei den Menschen; es herrscht aber doch eine Abstimmung, eine Harmonie zwischen der Erdenzeit und derjenigen in der geistigen Welt.

Band II, Seite 104
. . . so sind in der geistigen Welt auch die Meere vorhanden, die Ströme, die Flüsse, die Paläste, die Schlösser, die Tempel, die Hütten, die Musik, die Blumen, alles, alles. Das müßt ihr fest in euch aufnehmen, dann wird euch die geistige Sprache verständlich.

Textausschnitt aus »Der Verkehr mit der Geisterwelt Gottes« von J. Greber

Seite 273
Nicht der materielle Leib ist der schönste, sondern der geistige. Nicht der materielle Edelstein ist der prachtvollste, sondern der geistige; nicht das materielle Gold das wertvollste, sondern das geistige. Denn Gold und Edelsteine sind sowohl in materieller als auch in geistiger Form nichts anderes als wunderbar zube-

reitetes Od, das in dem einen Fall in verdichtetem, im anderen Fall in unverdichtetem Zustand sich befindet.

Textausschnitte aus »Reise in die Unsterblichkeit« von R. J. Lees

Band I, Seite 41
Wir haben Höllen, deren Qualen weit schlimmer sind, als die Phantasie es sich ausmalen kann. Aber auch sie sind nur Purgatorien der Seele und so ein Werkzeug der Liebe Gottes ...

Band I, Seite 91
Die Farbe der Gewänder im Jenseits ist eine Art spiritueller Farbenchemie, deren Wirken von dem Leben bestimmt wird, das man auf Erden geführt hat, und keine Anstrengung kann ihre Äußerungen ändern oder verfälschen.

Band II, Seite 53
Der Zustand des Erdgebundenseins der Geistwesen ist die Vorstufe zur Hölle. An die Erde gefesselt werden bösartige und oft rebellische Seelen, die der Sünde sklavisch verfallen sind und nach Befriedigung oder Rache an ihren Mitmenschen dürsten.

Textausschnitte aus »Das Große Evangelium Johannes« (Ev), »Bischof Martin« (BM), »Die Geistige Sonne« (GS) von Jakob Lorber (24)

Ev Band VIII, Kap. 33, 2
Es hat zwar alle Geisterwelt mit dem Raum und der Zeit dieser Welt nichts zu tun, aber der Raum ist auch der Träger aller Himmel und Geisterwelten ...

Ev Band X, Kap. 195, 5
Jesus: Du aber wirst im Jenseits aus deinem Innern dir selbst eine Welt erschaffen können, die für dich, solange du sie erhal-

ten willst, eine ebenso vollkommene Wohnunterlage bilden wird ... wie diese Erde ...

BM Kap. 30, 2
Gestalten, Gesichtszüge und Gewänder veredeln und verwandeln sich im Jenseits bei geistig fortschreitenden Seelen.

BM Kap. 63, 2
Unlautere Seelen können sich im Jenseits nicht verstellen, von höheren Geistern werden sie sofort durchschaut.

GS Band II, Kap. 120, 2
Der Evangelist Johannes: Das Mittelreich ist das, was ihr als »römisch Gläubige«, freilich stark irrig, unter dem »Fegefeuer« versteht. Am besten kann dieses Reich einem großen Eintrittszimmer verglichen werden, ... somit ist das Mittelreich auch jener erste naturmäßig-geistige Zustand des Menschen, in den er gleich nach dem Tode kommt. Denn niemand kommt sogleich in den Himmel oder in die Hölle.

Textausschnitte aus »Mediale Schriften« von Dr. Karl Nowotny

Band I, Seite 28
Es ist im Jenseits nicht so, daß der Geist etwa tun und lassen kann, was er will. Er ist auch hier an Regeln und Gesetze gebunden und sein Weg wird ihm genau vorgezeichnet. Ich sagte aber schon, daß keiner gezwungen wird, ihn zu gehen.

Band I, Seite 64
Natürlich spreche ich hier nicht von solchen Geistwesen, die wegen ihrer großen Fehler und mangelhaften Reife noch im Dunkeln leben. Geistwesen von höherer Entwicklungsstufe haben meist wohl Irrtümer zu bekämpfen und umzulernen, sind aber auf dem besten Wege nach oben und teilhaftig aller Vortei-

le des Jenseits und aller Wohltaten. Unterentwickelte Geister irren eben noch und müssen sich bemühen, aus dem Dunkel herauszukommen. Sie haben dazu alle Hilfen und Helfer an der Seite.

Band I, Seite 65
Was wir aber von Sphären und Regionen sprachen, ist nicht räumlich zu denken wie im irdischen Sinn, sondern psychisch, möchte ich sagen, und rein geistig. Je größer die Reife der Seele und die Entwicklung des Geistes, um so höher die Region oder Sphäre.
Man kann sich das ungefähr so vorstellen, daß ein reifes Geistwesen eine viel größere Sehkraft besitzt und eine größere Fähigkeit zur Aufnahme von Farben und Tönen und Gedanken, so daß es mehr sehen und besser hören und erfassen kann als ein weniger entwickeltes.

Band III, Seite 98
Ein Mensch also, der im irdischen Dasein einen falschen Weg eingeschlagen hat, sei es aus eigener Selbstsucht und Anbetung der materiellen Güter, sei es durch Milieu und Sitte behindert, erkennt nun bei seinem Eintritt ins Jenseits, daß er sein Programm in keiner Weise oder doch im wesentlichsten nicht erfüllt hat.
. . . Jeder sieht sich selbst und erkennt das Ausmaß des Fortschritts oder der mangelnden Höherentwicklung.

Textausschnitte aus »Autobiographie eines Yogi« von Paramahansa Yogananda

Seite 424
Das astrale Universum ist unvorstellbar schön, sauber, rein und geordnet.

Seite 425
In den unermeßlichen Gefilden oberhalb des dunklen Astralkerkers ist alles leuchtend und schön. Der astrale Kosmos kann sich leichter als die Erde dem göttlichen Willen und dem vollkommenen göttlichen Plan angleichen. Jeder astrale Gegenstand wird in erster Linie durch Gottes Willen, zum Teil aber auch durch den Willen der Astralwesen erschaffen.

Seite 428
Die Verständigung zwischen den Bewohnern aller Astralwelten geschieht ausschließlich durch Telepathie und astrales Fernsehen.

Seite 430
In der Astralwelt gibt es keinen gewaltsamen Tod, keine Krankheiten und kein Altern.

Textausschnitte aus »Himmel und Hölle« von Emanuel Swedenborg

Seite 27
Die Engel eines jeden Himmels sind nicht an einem Ort beisammen, sondern in größere und kleinere Gesellschaften abgeteilt, je nach den Unterschieden des Guten, der Liebe und des Glaubens, in dem sie sind.

Seite 28
Ähnliche werden wie von selbst zu Ähnlichen geführt . . .

Seite 28–29
Es kennen sich alle, die in ähnlichem Guten stehen . . . obgleich sie dieselben nie zuvor gesehen haben; und dies darum, weil es im anderen Leben keine anderen Verwandtschaften, Schwägerschaften und Freundschaften gibt als geistige, somit diejenigen der Liebe und des Glaubens.

Seite 92
Daß die Engel nicht wissen, was Zeit ist, . . . hat seinen Grund darin, daß es im Himmel gar keine Jahre und Tage gibt, sondern Zustandsveränderungen.
Weil es im Himmel Gesellschaften gibt und die Engel wie die Menschen leben, so haben sie auch Wohnungen und zwar wieder verschiedene, je nach dem Lebenszustand eines jeden; prächtigere für diejenigen, die in würdigerem Zustand sind, und minder prächtige für die, welche in niedrigerem sind.

Seite 106
Alle Fortbewegungen in der geistigen Welt geschehen durch Zustandsveränderungen des Inwendigen, so daß die Fortbewegungen nichts anderes sind als Veränderungen des Zustandes. Daher kommt es auch, daß die Himmel von den Höllen völlig abgesondert sind, denn sie sind in entgegengesetztem Zustand.

Seite 114
Es gibt keinen Einfluß der unteren Himmel in die oberen, weil dies gegen die Ordnung ist, sondern aus den oberen in die unteren.

Seite 132
Eine ähnliche Sprache, wie die in der geistigen Welt, ist jedem Menschen eingepflanzt, jedoch in seinem inwendigeren Verstandesgebiet . . .

Seite 149
Die Engel können mit einem Wort ausdrücken, was der Mensch nicht mit tausend Worten vermag.

9 Aussagen von medialen Mitteilungen über den »Sinn des Daseins«

Zusammenfassung der Aussagen

Aussage 1: Der Geist des Menschen enthält von der Urschöpfung her einen unsterblichen göttlichen Keim, der sich zur Vollendung entwickeln soll.

Aussage 2: Es gibt nicht zwei gleiche Menschen. Jeder Mensch hat eine andere Individualität und damit eine andere Aufgabe.

Aussage 3: Das Ziel ist die Vollendung der Wesenheit, d. h. Gottähnlichkeit, jedoch nicht Gottgleichheit.

Aussage 4: Das irdische Dasein ist die große Demutsschule und Bewährungsprobe des Menschen. Es bietet die Möglichkeit des Aufstiegs bis zu hohem Vollendungsgrad, aber auch die Gefahr des Abstiegs bis zu tiefsten Niederungen.

Kommentar:

Die positive Beantwortung der Frage nach dem Leben nach dem Tode provoziert die weitere Frage nach dem Warum des Daseins. Wenn nach den medialen Mitteilungen der Mensch als inkarniertes Geistwesen betrachtet werden muß und dieses Geistwesen in seiner postmortalen Existenzform unsterblich ist, so ist damit zwar eine existentielle Grundfrage des Menschen beantwortet, die Frage nach dem Sinn dieses mehr bezweifelten als erwarteten Daseinsverlaufes jedoch bleibt offen. Wenn das menschliche Leben, das in der Selbstbetrachtung wohl meistens als unbedeutend und unwesentlich erscheint, nach dem irdischen Tode eine jenseitige Fortsetzung findet und sich sogar in die Ewigkeit ausdehnt, dann muß es einen bisher nicht geahnten und nicht verstandenen Sinn haben.

Die medialen Schriften erhellen diesen Sinn. Jeder Mensch trägt demnach ein Stück Göttlichkeit in sich, seine Geistseele enthält einen göttlichen Kern, auch wenn dieser nicht erkennbar ist. Der Sinn sowohl des irdischen als auch des jenseitigen Daseins liegt allein darin, diesem göttlichen Kern oder Keim zur Entfaltung, Entwicklung und Vollendung zu verhelfen. Jeder Mensch hat von seiner geistigen Erschaffung her eine spezielle Aufgabe, die es zu erkennen gilt. Jeder Mensch hat seiner Aufgabe entsprechend individuelle geistige Veranlagungen, die es ihm gestatten, sich im Daseinskampf zu bewähren, unter Anwendung seines freien Willens Erfahrungen zu sammeln und sich in seinen beiden Existenzformen schrittweise zur Vollendung seiner Wesenheit zu entwickeln.

Nach den medialen Schriften ist es Gottes Wille, daß jeder Mensch, auch wenn es sehr lange dauert, diesen Weg geht und am Ende dieses Weges zu einer Entwicklungsstufe emporsteigt, die es ihm ermöglicht, Aufgaben in Gottesnähe zu erfüllen.

Er soll ihm am Ende seiner Entwicklung in seiner Individualität ähnlich werden, jedoch nie ihm völlig gleichen.

Dieses hohe Ziel scheint vermessen und unrealistisch zu sein und kann unter Beachtung der menschlichen Unvollkommenheiten nur verstanden werden im Hinblick auf eine kaum vorstellbar lange Entwicklungszeit, die im wesentlichen im Jenseits verbracht wird.

Es stellt sich die Frage, welche Rolle das kurze irdische Dasein in diesem Zusammenhang spielt.

Nach den medialen Aussagen ist das irdische Leben wegen seiner gegenüber dem Jenseits stark eingeschränkten äußeren Bedingungen eine besonders intensive Prüfung und Bewährungsprobe.

Das inkarnierte Geistwesen, Mensch genannt, hat die Chance, sich während des irdischen Daseins schneller zu entwickeln als im Jenseits, seine Überheblichkeit abzulegen und im Ablauf des Geschehens den Willen Gottes zu erkennen.

Es begibt sich mit seiner Inkarnation aber auch in die Gefahr, den irdischen Versuchungen zu erliegen und in seinem Entwicklungsniveau abzusinken.
Dieser Zusammenhänge sind sich die meisten Menschen nicht bewußt, obgleich die entsprechenden Hinweise in den großen Religionen in vielen Variationen enthalten sind.

Textausschnitt aus der Bibel

Matth. 5, 48
Darum sollt ihr vollkommen sein, gleichwie euer Vater im Himmel vollkommen ist.

Textausschnitte aus »Das Buch Emanuel« von B. Forsboom

Seite 51
Vollkommenheit ist das Ziel der Schöpfung. Doch kann kein Wesen mehr als die Vollkommenheit seiner Wesenheit erreichen. Die Geistesschöpfung erreicht die Vollkommenheit ihrer Wesenheit; doch kann sie nie die Vollkommenheit anderer Wesenheit erreichen.

Seite 52
Ziel der Schöpfung ist, daß eine vollkommene Geisterwelt die Gottheit umgebe, daß jeder einzelne Geist die Vollendung seiner Wesenheit erreiche, daß die Vollendung seiner Liebe und Erkenntnis ihm die Vollkommenheit seiner Freiheit gebe.

Seite 55
Wie die ganze unendliche Schöpfung ihrer Vollkommenheit entgegengeführt wird, so ist jeder einzelne Geist bei seiner Schaffung vom Feuer seiner Individualität durchglüht, die ihrer Vollkommenheit entgegenreift.

Textausschnitt aus »Im Jenseits« von Leopold Engel

Seite 40
Keiner fürchte sich vor dem Übergang, keiner aber sehne sich eher nach diesem, bevor in ihm nicht die volle Überzeugung erwacht ist, daß er restlos alle seine Pflichten erfüllt hat und wahrhaft die Zeit seiner Abberufung genaht ist.

Textausschnitt aus »Der Verkehr mit der Geisterwelt Gottes« von J. Greber

Seite 81
Euer Leben hat den einzigen Zweck, daß euer Geist auf dem ihm vorgezeichneten Weg höher kommt, näher zu Gott. Euer Lebensweg ist ein Examensweg.

Textausschnitt aus »Botschaften aus dem Jenseits« von Geistlehrer Josef

Band III, Seite 302
Die Aufgabe, die an einen Menschen gestellt wird, ist schon in seinem geistigen Feld eingezeichnet, und dieses Zeichen, das in diesem Wesen anfangs ganz klein ist, wird mit dem Wachstum immer größer, und der Drang für irgend etwas tritt hervor, das zur Erfüllung dieser Aufgabe führen kann.

Textausschnitte aus »Das Große Evangelium Johannes« von Jakob Lorber

Band II, Kap. 28, 6. 9. 13 und 14
Jesus: Die freien Erkenntnisse des Guten und Wahren sind des

Geistes Lebenslicht. Aus diesen bestimmt er für sich selbst dann die ihm zusagenden Gesetze ... Der menschliche Geist soll aber ebenso vollkommen werden in sich und durch sich, wie der Urgeist Gottes in sich und durch sich vollkommen ist, ansonst der Geist kein Geist, sondern ein gerichteter Tod ist ... Deshalb mußt du die Fähigkeit der Menschen, daß sie sündigen können, nicht so niedrig und nicht als zu sehr verbrecherisch anschlagen; denn ohne die Fähigkeit, den gegebenen Gesetzen zuwiderzuhandeln, wäre der Mensch ein Tier und kein Mensch ... Die Sünde gibt dem Menschen erst das Zeugnis, daß er Mensch ist; ohne diese wäre er ein Tier!

Band VII, Kap. 141, 6
... der Mensch aber ist das vollkommenste der zahllos vielen und verschiedenen Geschöpfe, der Höhepunkt der göttlichen Liebe und Weisheit und bestimmt, ein Ebenbild Gottes zu werden.

Band VII, Kap. 141
In eines jeden Menschen Wesen ist der Geist als der göttliche Funke im Menschen eingekerkert, und jeder Mensch muß diesen Geist nach göttlicher Ordnung freimachen.

Band X, Kap. 171, 8
Jesus: Gott war von Ewigkeit ein reinster, vollkommenster Geist und kann daher nichts anderes wollen, als daß mit der Zeit seine Geschöpfe auf den vom Schöpfer vorgesehenen Wegen das werden, was er selbst ist.

Textausschnitt aus »Himmel und Hölle« von Emanuel Swedenborg

Seite 176
... Hieraus kann nun erhellen, daß im Menschen das Letzte der göttlichen Ordnung ist, und daß er, weil das Letzte, auch die Stütze und Grundlage ist.

Textausschnitte aus »Mediale Schriften« von Dr. Karl Nowotny

Band I, Seite 27

Will man aber irrende und verirrte, nach Wahrheit suchende und nach Halt im Leben ringende Menschen auf den rechten Weg leiten, ihnen ein wahrhafter Wegweiser sein, dann muß man überzeugt sein, restlos und rückhaltlos, daß dieses Leben eben der Vorbereitung auf das höhere Leben im Jenseits dient und jeder die gleichen Prüfungen zu bestehen und Aufgaben zu erfüllen hat, um zu einem höheren Dasein zu gelangen.

Band III, Seite 103

Die Menschen werden bei richtiger Auffassung vom tiefen Sinn des Lebens ganz von selbst zu suchen beginnen, wo ihre Aufgaben liegen, in welcher Richtung sie gefördert werden müssen und welche Grundlagen ihnen dazu schon ins irdische Dasein mitgegeben sind, was sie also schon im vergangenen Leben erarbeitet haben.

Der Sinn und Zweck des Lebens liegt in dem in jedem Wesen ruhenden geistigen Funken, der es befähigt und veranlaßt, immer weiter nach oben zu streben. Warum die göttliche Allmacht dies so eingerichtet hat, das zu fragen ist mir noch nicht erlaubt und möglich.

10 Aussagen von medialen Mitteilungen für die »Reinkarnation«

Zusammenfassung der Aussagen

Die Informationen aus dem Jenseits über die Faktizität der Reinkarnation sind widersprüchlich. Bei James Lees wird die Frage nach der Reinkarnation negativ beantwortet. In den jenseitigen Gesprächen von Swedenborg kommt dieser Begriff nicht vor. Jakob Lorber erwähnt zwar die Möglichkeit der Reinkarnation, jedoch mehr als Ausnahme. Die nachfolgenden Aussagen müssen daher unter dem Vorbehalt betrachtet werden, daß sie im wesentlichen medialen Mitteilungen entnommen sind und gewisse Widersprüche zu den Aussagen der Offenbarungen bestehen.

Aussage 1: Der Mensch lebt nicht nur einmal, sondern wiederholt auf Erden. Ein irdisches Dasein reicht vielfach nicht aus, um die für einen weiteren Aufstieg im Jenseits nötige Reife zu erlangen.

Aussage 2: Kurz vor der Geburt wird die Geistseele eines schon weit entwickelten Menschen inkarniert, der bereits viele Inkarnationen durchlebt hat.

Aussage 3: Die Erinnerung an die früheren Leben wird bei der Inkarnation gelöscht, da diese in den meisten Fällen das gegenwärtige Dasein stark belasten würde.

Aussage 4: Die Eltern geben nur den Körper. Vererbt werden nur körperliche Eigenschaften und Merkmale.

Aussage 5: Inkarnationen erfolgen nicht willkürlich oder zufällig. Das Elternpaar wird nach jenseitigem Gesetz ausgewählt.

Aussage 6: Die Zeit zwischen zwei Inkarnationen ist je nach dem Reifegrad des Geistwesens unterschiedlich lang.

Kommentar:

Die im vorangegangenen Kapitel wiedergegebene, medial übermittelte Antwort auf die Frage nach dem Sinn des Daseins führt zugleich zum Verständnis des Phänomens der Reinkarnation. Wenn es bezogen auf das irdische Dasein eine Prä- und Postexistenz gibt, wenn der Sinn dieses schon unvorstellbar lange währenden Daseins der Geistwesen die immer weiter voranschreitende Vollendung der Wesenheit ist und das relativ kurzfristige irdische Dasein in diesem Geschehen eine wesentliche Rolle spielt, dann wird evident, daß dieses irdische Leben unter Umständen so oft wiederholt werden muß, bis alle damit zusammenhängenden möglichen Entwicklungsschritte durch das Geistwesen vollzogen wurden.
Neuere Forschungsergebnisse über partielle Rückerinnerungen von Kindern an frühere Erdenleben ergänzen die von medialer Seite gegebenen Mitteilungen (25).
Die Geistwesen inkarnieren demnach nicht nur einmal, sondern mehrmals, um die Entwicklungschancen eines materiellen Daseins in Anspruch zu nehmen.
Unvorstellbar viele Geistwesen warten auf die Möglichkeit zu einer Inkarnation, mehr als die Erde zu fassen vermag. In den medialen Schriften wird angedeutet, daß auch Inkarnationen auf anderen Planeten stattfinden.
Nach verschiedenen medialen Mitteilungen ist das zur Inkarnation bereite Geistwesen schon in der Schwangerschaftsphase mit dem wachsenden Fötus im geistig-seelischen Kontakt, es inkarniert jedoch erst kurz vor der Geburt. Dabei wird das in früheren Leben erworbene Wissen, das Urteilsvermögen, die Erinnerung an Erlebnisse usw. in die unbewußten Bezirke der Geistseele verdrängt, d. h. für das Wachbewußtsein des werdenden Menschen gelöscht. Dieser muß völlig unbelastet durch Erinnerungen an frühere Leben von neuem lernen, Erfahrungen sammeln, sich entscheiden, sich bewähren. Dies ist im Schöpfungsplan offenbar deshalb so vorgesehen, weil die Erinnerung an die Präexistenz die gegenwärtige

Daseinsführung stark beeinflussen und besonders die Unbefangenheit beeinträchtigen würde. Im unbewußten Teil der Geistseele wirken diese Erinnerungen nach den medialen Darstellungen jedoch zu gegebener Zeit in Form von Motivationen, Intuitionen, Ahnungen, Gewissensregungen u. a.
Es wird wiederholt zum Ausdruck gebracht, daß von den Eltern nur der Körper des werdenden Menschen gegeben wird, vererbt werden nur körperliche Eigenschaften und Merkmale. Die belebenden und motivierenden Kräfte, die Charakter- und Wesenheitsmerkmale bringt das inkarnierende Geistwesen mit. Der Körper einschließlich des Gehirns dient der Geistseele für die Zeit des irdischen Daseins lediglich als Werkzeug.
Diese Aussage steht im Widerspruch zu den Beobachtungen, daß auch geistige und seelische Eigenschaften vererbt werden. Hier muß offenbar unterschieden werden zwischen der für die Entwicklung spezieller geistig-seelischer Eigenschaften geeigneten vererbbaren Gehirnstruktur und der Inanspruchnahme dieser Möglichkeiten durch das inkarnierte Geistwesen.
Die Inkarnationen erfolgen daher nicht zufällig, sondern das Elternpaar wird sorgfältig ausgewählt bezogen auf die zu erwartenden geistig-seelischen und körperlichen Eigenschaften des werdenden Menschen und auch bezogen auf die zu erwartende soziale Umwelt im Elternhaus.
Die überraschende mediale Aussage, daß eine bereits hochentwickelte Geistseele verborgen schon im Kleinkind wirksam wird, mag u. a. als Erklärung für die erstaunliche Lernfähigkeit des werdenden Menschen betrachtet werden.
Je nach Reifegrad des Geistwesens tritt, wie berichtet wird, die Reinkarnation schon kurze Zeit nach dem irdischen Tode ein oder aber auch erst nach relativ langer Zeit. Es können hundert Jahre und mehr vergehen.
Bei Erreichung eines entsprechend hohen Reifegrades während des irdischen Daseins erfolgt keine weitere Inkarnation.

Textausschnitte aus der Bibel

Matth. 11, 13–15
Denn alle Propheten und das Gesetz haben geweissagt bis zur Zeit des Johannes; und so ihr's wollt annehmen; er ist der Elia, der da kommen soll. Wer Ohren hat, der höre!

Matth. 17, 10–12
Und seine Jünger fragten ihn und sprachen: Was sagen denn die Schriftgelehrten, zuvor müsse Elia kommen? Jesus antwortete und sprach zu ihnen: Elia soll freilich kommen und alles zurechtbringen. Doch ich sage euch: Elia ist schon gekommen, aber sie haben ihn nicht erkannt, sondern haben mit ihm getan, was sie wollten. So wird auch des Menschen Sohn leiden müssen von ihnen.

Textausschnitte aus »Das Buch Emanuel« von B. Forsboom

Seite 104
Die Eltern stellen ihrem Kinde nur das Material zur Verfügung, und der sich verkörpernde Geist baut sich seinen Körper auf, der seine Eigenschaften zur Schau zu bringen geeignet ist.

Seite 110
Der Geist, der in die Verkörperung eintritt, bedarf der Schule der Materie zu seinem geistigen Fortschritt.

Seite 250
Der Mensch ist also der Ausdruck dessen, was sein Geist bei der Einverleibung gewesen, und seinem Fortschritt ist dadurch eine gewisse Grenze gesetzt.

Textausschnitte aus »Der Verkehr mit der Geisterwelt Gottes« von J. Greber

Seite 291
Die meisten Menschen müssen wiederholt zur Erde zurück. Denn der Abschluß ihres diesseitigen Lebens ist immer wieder ein ungünstiger und führt sie in die tiefsten Geistersphären zurück, anstatt sie für die höheren Stufen des Jenseits reif zu machen . . .

Seite 292
Die Zeit, welche die Geister der tieferen Sphären im Jenseits zubringen müssen, bis sie als Mensch wieder verkörpert werden, ist bei jedem Geist verschieden. Sie richtet sich nach dem, was der einzelne als Strafe für sein letztes irdisches Leben zu verbüßen hat.

Textausschnitte aus »Botschaften aus dem Jenseits« von Geistlehrer Josef

Band I, Seite 298
Zur Frage: Geschlechtswechsel bei der Wiederverkörperung. Josef: Der Same, der von Gott als weiblicher oder männlicher Same ausgelegt wurde, bleibt so, wie er von Gott in jenem Zeitpunkt geschaffen worden ist, und ändert sich nicht, ausgenommen in dem Falle, wo es ein Karma bedeuten kann. Es kann nämlich die Möglichkeit bestehen, daß einen Menschen eine solche Schuld trifft, daß er dann bei seinem nächsten Erdenleben als Mann oder Frau zu kommen hat, doch nur vorübergehend, während dieses einen Erdenlebens.

Band II, Seite 99
. . . und es gibt solche, die hart sind und eigensüchtig. Diese müssen immer wieder belehrt werden. Sie müssen wiedergebo-

ren werden, so oft, bis auch sie ins Haus Gottes einziehen können.

Band II, Seite 289
Zur Frage: Häufigkeit der Inkarnation.
Josef: Ja, meine Freunde, ich habe euch Bilder gezeigt, wo es durchschnittlich 300–500 Jahre geht. Es gibt aber Wesen, bei denen es viel schneller geht. Ein Wesen kann in der geistigen Welt z. B. nicht besonders hoch gestiegen sein und immer den Drang haben, zurück zu dieser Erde, zurück! Es bittet, und es wird ihm erlaubt werden. Auch dort ist ein bestimmter freier Wille . . .

Textausschnitte aus »Erde und Mond« (Ed), »Bischof Martin« (BM) und »Das Große Evangelium Johannes« (Ev) von Jakob Lorber (26)

Ed Kap. 51, 7
Der Herr: Nach der Einlegung des Geistes ins Herz der Seele, was bei einigen Kindern früher, bei anderen später geschieht, bei vielen drei Tage vor der Geburt, wird der Leib schneller ausgereift, und die Geburt kann vor sich gehen.

Ev Band VI, Kap. 61, 4
Jesus: Ist die Besserung einer verdorbenen Seele im jenseitigen Mittelreich bis zu einem gewissen Grade erfolgt, über den es mangels höherer Befähigung nicht hinausgeht, so kann eine solche Seele in eine bloß geschöpfliche Beseligung in der geistigen Sphäre irgendeines anderen Weltkörpers übergehen oder aber auch, wenn sie es will, noch einmal ins Fleisch dieser Erde treten, auf welchem Wege sie höhere Befähigung erwerben und mit deren Hilfe sogar die Gotteskindschaft erreichen kann.

Ev Band IX, Kap. 178, 2
Raphael: Würdest du dir aller Vorzustände bis zu deinem gegenwärtigen Leben klar bewußt werden, so würdest du dadurch in deinem Denken, Urteilen und Wollen derart zerteilt und zerrissen werden, daß es dir unmöglich wäre, die sittliche Einheit, Kraft und Stärke aus dem Geiste der Liebe Gottes in deiner Seele aufzunehmen, daß sie eins würde mit ihm.

Ev Band VI, Kap. 151, 2
Jesus: Um solcher Menschen willen, die nicht an Meine Lehre glauben oder sie des weltlichen Gewinnes wegen sogar verfälschen, wird die Lebenslehre von Mir nicht gegeben; denn für die mögliche und weitere Ausbildung dieser Toren habe Ich noch endlos viele große Schulhäuser in der ganzen Unendlichkeit.

Ev Band VI, Kap. 162, 11
Jesus: Der Mensch muß dieses Leibesleben dazu benützen, das ewige Leben der Seele zu gewinnen, sonst ist er selbst schuld daran, wenn er das Leben seiner Seele verwirkt oder soweit schwächt, daß die Seele hernach jenseits eine überaus lange Zeit zu tun hat, um in ein helleres, besseres Geistleben überzugehen. Solange eine Seele an ihrem Leibesleben und seinen Vorteilen hängt, kann sie nicht im Geiste völlig wiedergeboren werden und ins Reich Gottes eingehen, weil darin nichts Materielles bestehen kann.

Ev Band IV, Kap. 243, 2. 3
Jesus: Gott als die höchste und reinste Liebe von Ewigkeit wird alle Ihm zu Gebote stehenden Mittel anwenden, um eine verdorbene Seele zu heilen. Aber der Seele charakteristisches Ich kann Gott ihr nicht nehmen, sondern Er muß die Seele in solche Zustände kommen lassen, die sie durch schmerzliche Erfahrungen und Witzigungen zurechtbringen. Im äußersten Falle kann dieser Weg ein sehr langwieriger werden; aber es

trägt daran niemand die Schuld als die zu starr- und eigensinnig gewordene Seele!

BM Kap. 70, 23–27 u. 29
Ein erleuchteter Geist zu einer in der jenseitigen Läuterung befindlichen Seele: Alles, was du hier siehst, entstammt allein der allertiefsten Liebe und Weisheit des Herrn und hat viel Ähnlichkeit mit den Erscheinungen der mannigfachen Krankheiten auf Erden. Solche Krankheiten sind zwar ein Übel des Leibes, aber dafür eine große Wohltat der Seele! So sind auch diese seelischen Erscheinlichkeiten mit herübergebrachte Krankheiten der Seele, die alle hinausgetrieben werden müssen, und zwar durch geistige Heilmittel, da sonst die Seele nicht gesunden und der Geist in ihr nimmer erstehen kann. Die Kraft des Wortes Gottes ist für diese Seelenkrankheiten die allerkräftigste Medizin.

BM Kap. 192, 4–5
Eine im Jenseits geläuterte Seele: Im himmlischen Reich erkannte ich, daß alle die elenden und beängstigenden Zustände und Erlebnisse meiner Seele nach meinem Leibestode nur die größte Liebe des Herrn waren, damit ich durch sie noch im Jenseits geläutert und fähig würde, die Volliebe des göttlichen Vaters aufzunehmen. – Hätte ich meinen irdischen Hochmut früher abgelegt – was ich gar leicht hätte tun können –, so wäre es mit mir auch schnell besser gewesen; aber ich war hart und wollte es nicht, weil der Hochmut mich belebte. Und so mußte ich wohl leiden, – aber nicht aus dem Willen des Herrn, sondern nur aus meinem eigenen Willen!

Ev Band VIII, Kap. 106, 11 und 15
Jesus: Würde Ich dich nur einen Augenblick im Geiste in Meine Himmel versetzen, so könntest du nicht mehr auf dieser Erde leben; denn die unbeschreibbar große Anmut der Himmel, das Licht, die Freundlichkeit und des Lebens höchstes Wohlgefühl würden dein Fleisch in einem Augenblick vernichten und die

Sinne deiner Seele auf langehin völlig betäuben. Darum muß jede Seele von Stufe zu Stufe geführt und endlich lauter werden wie reinstes Gold, damit sie fähig wird, in die endlosen Freuden der Himmel einzugehen.

Textausschnitte aus »Mediale Schriften« von Dr. Karl Nowotny

Band I, Seite 13
Tatsächlich ist es so, daß in jedem Kind, das geboren wird, ein reifer oder weniger reifer Geist inkarniert ist. Ich bin verleitet zu sagen, daß Inkarnation fast mit Internierung im materiellen Sinne bezeichnet werden kann, denn im Augenblick der Geburt verliert der Geist jeden Zusammenhang – oder besser gesagt – jeden bewußten Zusammenhang mit der geistigen Welt. Seine Erinnerung an das jenseitige Leben ist ausgelöscht, er muß von vorne beginnen, zu lernen und sich zu entwickeln. Dabei ist aber nicht verloren gegangen, was er in einem früheren Leben und in der Schule des Jenseits bereits gelernt und geleistet hat.

Band I, Seite 14
. . . Der Körper ist ein Teil des Mütterlichen und durch den Samen, aus dem der Körper entsteht, auch ein Teil des Vaters . . . Anders ist es mit dem Geist. Er wird nach göttlichen Gesetzen in den entstehenden Körper inkarniert und kommt als völlig fremdes Element in den Körper hinein . . . Es ist wohl oft so, daß ein bestimmtes Geistwesen zu einem bestimmten Ehepaar gebracht wird, weil dort die gleichen Voraussetzungen schon geschaffen waren, ich will sagen, für die Eltern da waren und es den Sinn hat, daß der neuinkarnierte Geist den gleichen Weg machen soll und dazu das entsprechende Vorbild hat.

Band I, Seite 30
Wie arm müßten wir uns dünken, wenn wir wüßten, daß wir

nur das erreichen können, was wir in der kurzen Zeitspanne unseres Lebens imstande sind, zu vollbringen.

Band II, Seite 152
. . . Immer wieder muß ich sagen, daß der Hauptgrund für die Irrtümer in der materiellen Lebensauffassung liegt und in dem Glauben, es gäbe nur ein Leben auf dieser Erde für jeden Menschen.

Band II, Seite 197
Daß aber die Inkarnation nach ewigen göttlichen Gesetzen eingerichtet ist und nicht willkürlich oder zufällig vor sich geht, muß vor allem in Betracht gezogen werden.

Textausschnitt aus »Autobiographie eines Yogi« von Paramahansa Yogananda

Seite 429
Einige Wesen kehren nach ihrem körperlichen Tode sofort zur Erde zurück, besonders dann, wenn sie ein starkes Verlangen danach haben. Die durchschnittliche Zeitdauer, die ein einigermaßen fortgeschrittenes Wesen in der Astralwelt verbringt, beträgt jedoch nach irdischem Zeitmaß 500–1000 Jahre.

11 Aussagen von medialen Mitteilungen über »Das Schicksal«

Zusammenfassung der Aussagen

Aussage 1: Für den Ablauf eines jeden menschlichen Lebens gibt es eine Vorherbestimmung, ein Schicksal. Die wesentlichen Stationen des Lebensweges sind festgelegt.

Aussage 2: Der Verlauf des Lebensweges im einzelnen wird durch den freien Willen des Menschen beeinflußt.

Kommentar:

Wenn in den medialen Mitteilungen gesagt wird, daß einerseits die wesentlichen Stationen des Ablaufes eines menschlichen Lebens festliegen, andererseits jedoch durch den freien Willen darauf Einfluß genommen werden kann, so könnte hierin ein Widerspruch gesehen werden.
Die allgemeine Auffassung über den Schicksalsbegriff besagt, daß das Schicksal etwas Unabänderliches, Unausweichliches sei. Allzugern wird im Walten des Schicksals eine Entschuldigung für eigenes Versagen und Fehlverhalten gesehen. Die Versuche, das Schicksal vorherzuerkennen, Bemühungen, äußere Bewirkungen zu ermitteln, die das Schicksal beeinflussen, nehmen von jeher im Sinnen und Trachten der Menschen einen breiten Raum ein.
Die medialen Mitteilungen lassen erkennen, daß vor der Inkarnation des Menschen sein Lebensweg in groben Stufen festgelegt wird, d. h. die wesentlichen Prüfungen, die der geistigen Weiterentwicklung dienen, sind demnach vorherbestimmt. Nicht vorher festgelegt ist jedoch, wie der Mensch seine Prüfungen besteht. Seinem freien Willen, der freien Anwendung

seiner Verstandeskräfte, seiner Begabungen und seiner Energie ist weitester Spielraum gelassen. Eine gut bestandene Prüfung kann eine darauf folgende, vom Schicksal an sich vorgesehene, überflüssig machen.
Eine ursprünglich als notwendig erkannte Begegnung mit Gefahr und Leid kann durch eigenes Bemühen des Menschen überwunden werden. In solchen Fällen wird von intuitiven Warnungen berichtet, die dem betreffenden Menschen die Vermeidung einer Gefahr ermöglichen.
Nicht das Bemühen um Schicksalsvorhersage führt demnach zur Vermeidung leidbehafteter Schicksalswege, sondern der freiwillig errungene Schritt in der persönlichen Weiterentwicklung und Reifung kann zu Veränderungen des Schicksals führen.

Textausschnitte aus der Bibel

Ps. 139, 16
Deine Augen sahen mich, als ich noch nicht bereitet war, und alle Tage waren in dein Buch geschrieben, die noch werden sollten und von denen noch keiner da war.

Der Prediger Salomo 6, 10–12
Was da ist, ist längst mit Namen genannt, und bestimmt ist, was ein Mensch sein wird. Darum kann er nicht hadern mit dem, der ihm zu mächtig ist. Denn je mehr Worte, desto mehr Eitelkeit; was hat der Mensch davon? Denn wer weiß, was dem Menschen nützlich ist im Leben, in seinen kurzen, eitlen Tagen, die er verbringt wie ein Schatten? Oder wer will dem Menschen sagen, was nach ihm kommen wird unter der Sonne?

Matth. 6, 27
Wer ist unter euch, der seines Lebens Länge eine Spanne zusetzen kann, ob er gleich darum sorget?

Textausschnitte aus »Der Verkehr mit der Geisterwelt Gottes« von J. Greber

Seite 80

In das Od ist bei jedem irdischen Wesen auch das für es vorbestimmte Schicksal von Anfang an eingezeichnet, und zwar ist es sowohl in dem ganzen Odkörper als auch in jedem einzelnen Teilchen des Od sichtbar . . . es ist nicht alles Schicksal, was ihr in eurem Leben tut oder erleidet. Das meiste ist das Ergebnis der Selbstbestimmung eures freien Willens. Vorherbestimmt ist bloß euer Lebensweg mit gewissen Schicksalsstationen an diesem Wege. Was ihr darauf treibt und wie ihr euch an den einzelnen Stationen verhaltet, das ist Sache eurer Willensentscheidung. Dafür tragt ihr die Verantwortung.

Seite 82

Auch den einzelnen Völkern ist ihr Schicksal bestimmt.

Seite 83

Die Art des Todes eines Menschen kann ein Hellseher nur dann vorausschauen, wenn sie durch das Schicksal festgelegt ist. Denn nicht bei allen gehört die Art des Todes zu ihrem Schicksal, wie überhaupt etwas bei dem einen Schicksal sein kann, was bei dem anderen der freien Bestimmung unterliegt. Nur die Stunde des Todes ist bei allen Schicksal.

Textausschnitte aus »Botschaften aus dem Jenseits« von Geistlehrer Josef

Band I, Seite 55

So sind die Gesetze Gottes ganz genau, und sie sind auch auf die Wiedergeburt abgestimmt. Es dient dies alles auch den Eltern zur Weiterentwicklung, oder es ist oft ein Abtragen eines Karmas. Es kann den Eltern z. B. ein krankes Kind gegeben werden, und dies dient ihnen zu ihrer Entwicklung.

Band II, Seite 277
Ein Wesen wird genau zu jener Stunde geboren werden, wo diese Schicksalsstrahlen in voller Kraft auf dasselbe einwirken können, und darin ist eben das Karma enthalten oder das, was der Mensch sich in seinem früheren Leben erarbeitet hat.

Band III, Seite 49
So seht ihr, liebe Freunde, daß auch eine Krankheit der Ausdruck eines großen Karmas sein kann, das nicht in diesem Leben weggemacht werden kann.

Band III, Seite 266
Wenn es Zeiten des Unterbruchs gibt, wo der Mensch durch sein Leben oder durch seinen Willen in andere Bahnen geführt wird, so wird er doch zu bestimmten Zeiten wieder in diese vorbestimmte Bahn gelenkt. Er kann diesen Einflüssen nie ganz ausweichen, die ihm gegeben wurden, als sein Geist in seinen Körper eintrat.

Textausschnitte aus »Das Große Evangelium Johannes« (Ev) und »Erde und Mond« (Ed) von Jakob Lorber

Ev Band VII, Kap. 52, 7
Jesus: Gott darf beim Menschen in bezug auf seine innere geistige Entwicklung nicht mit Seiner Allmacht lenkend einwirken! – Denn täte Gott das, dann würde der Mensch zur Maschine und käme nie zur freien Lebensselbständigkeit.

Ev Band VIII, Kap. 99, 6
Jesus: Es ist für den Menschen nicht gut, wenn er zuviel von der Zukunft vorausweiß; denn das würde viele Menschen entweder zur Verzweiflung bringen oder sie lau und untätig machen . . . Ich kann euch nur das bestimmt voraussagen, daß über euch dies oder jenes kommen wird, wenn ihr so oder so handelt.

Ev Band VIII, Kap. 99, 8

Jesus: Denn wenn in sittlicher und staatlicher Hinsicht nur das geschehen müßte, was Ich euch verkünde, und zwar unabänderlich, so hättet ihr Menschen keine höhere Bestimmung als die Tiere; und wozu hättet ihr dann eure Vernunft, euren Verstand, eure Liebe und aus ihr den vollkommen freien Willen?

Ed Kap. 67, 15

Der Herr: Von diesen Visionen der Somnambulen ist zwar viel zu halten, jedoch soll niemand auf diese Zukunftsschau wie auf ein unwandelbares Schicksal bauen; denn dadurch soll niemand in seiner Willensfreiheit beeinträchtigt sein.

Ed Kap. 69, 19

Der Herr: Niemand soll sich beifallen lassen, durch außerordentliche Mittel die Zukunft enthüllen zu wollen; denn es ist nicht nur für jede Seele schädlich, sondern auch höchst unsinnig, da es nirgends eine bestimmte Zukunft gibt; denn diese richtet sich ja allezeit nach dem freien Willen der Menschen, die darum hier auf der Erde leben, um ihren freien Willen zu ordnen. Nach der Ordnung des freien Willens der Menschen wird ja erst die Zukunft bemessen!

Ev Band IV, Kap. 61, 7

Jesus: Der Mensch hat einen höheren Lebenszweck als das Tier und muß daher mit rechtschaffener Mühe in gesetzlicher Ordnung und im gerechten Kampf sein Brot erwerben. Die aus freiem Willen erfüllten Gesetze dienen seiner Selbstbildung und Selbstbestimmung, sowie der Erreichung des hohen Zieles der Gotteskindschaft.

Ev Band IV, Kap. 243, 8

Jesus: Das Erdenleben des Menschen ist eine schwere Erfahrungs- und Prüfungsschule für Bettler und Könige.

Ev Band VII, Kap. 121, 3

Jesus: Der Mensch als Mein volles Ebenmaß muß einen vollkommen freien Willen haben, mit dem er sich selbst in seinem geistigen Teile umgestalten, festen und von Meiner Allmacht freimachen muß, um dereinst als ein starkes, freies, selbständiges und selbstmächtiges Wesen selig neben Mir dazustehen, zu leben und zu handeln.

Ev Band II, Kap. 60, 4

Vom höchsten Himmel Gottes bis zur tiefsten Hölle ist des Menschen freie Entwicklungsbahn auf dieser Erde, und wäre es nicht so, nie könnte der Mensch die Kindschaft Gottes erreichen!

Ev Band IX, Kap. 102, 3–4

Jesus: Bis zum Menschen sorgt Gottes Liebe, Weisheit und Macht dafür, daß die Entwicklung des in der Weltmaterie gefesteten und gehaltenen Urgeistlebens von Stufe zu Stufe in eine stets größere Vollendung übergehe, aber beim Menschen als dem Schlußstein der Urgeistlebensentwicklung geht diese Sache anders. Was seinen materiellen Leib betrifft, so ist dessen Einrichtung auch noch zum größten Teile von der Liebe, Weisheit und Macht Gottes abhängig, aber nicht so die Entwicklung der menschlichen Seele und ihres Geistes. Der Menschenseele ist gegeben die Vernunft, der Verstand, ein freies Denken, ein freier Wille und die Kraft, so zu handeln, wie sie es für gut und nützlich erkennt. Damit aber die Seele weiß, wie sie zu handeln hat, um zur gottähnlichen, materielosen und von allem Gericht befreiten Lebensselbständigkeit zu gelangen und vor dem Angesichte Gottes zu bestehen, so werden ihr von Gott aus die Wege gezeigt, die sie zu wandeln hat, um endlich zum seligsten Lebensziel zu gelangen.

Textausschnitte aus »Mediale Schriften« von Dr. Karl Nowotny

Band I, Seite 25

Die meisten Geistwesen kommen mit einem fertigen Programm auf diese Erde, wenn sie das Jenseits – für nach unserer Anschauung kurze Zeit – verlassen, um ihre Aufgaben zu erfüllen, die zu ihrem geistigen Fortschritt erfüllt werden müssen... Allerdings sind nicht alle Geister mit fertigem Programm und positiven Absichten ausgestattet. Viele sind ... noch unbelehrbar, glauben nicht an ein höheres Leben und kommen nur zurück auf die Erde des materiellen Genießens wegen, ohne Streben nach höherem Ziel.

Band IV, Seite 6 und 7
Es geht um die großen Fragen, welche Kräfte im Weltall dazu bestimmt und ausersehen sind, das Leben auf der materiellen Welt zu lenken oder auch nur zu beeinflussen. Die Frage, ob der Mensch aufgrund seines Schicksals, auch Karma genannt, sein Leben absolvieren muß, ohne selbst den Ablauf beeinflussen zu können, ob er einen freien Willen hat, es zu gestalten, seine Persönlichkeit zu formen, das ist es, was so viele Menschen bewegt und worauf sie nur schwer eine Antwort finden. Es ist nicht von Bedeutung, ob man das eine oder das andere glaubt, viel wichtiger ist es, nach welchen Grundsätzen man tatsächlich lebt...
Wieviele Abstürze von Flugzeugen sind auf den Eingriff böser Mächte zurückzuführen oder auf völlig schicksalhafte Ereignisse, die eben zu dem Lebensbild der Betroffenen gehören. Es gibt aber Menschen, die im rechten Augenblick genau fühlen oder wissen, daß sie einen bestimmten Ort meiden müssen, wenn sie einem Unglück entgehen wollen.

Textausschnitt aus »Himmel und Hölle« von Emanuel Swedenborg

Seite 490
Jeder Mensch ist zum Himmel und keiner zur Hölle vorherbestimmt; er überantwortet sich selbst der Hölle, indem er seinen freien Willen in geistigen Dingen mißbraucht.

12 Aussagen von medialen Mitteilungen über »Jenseitsbewußte Daseinsgestaltung«

Zusammenfassung der Aussagen

Aussage 1: Die Menschen vollbringen größte Leistungen für ihr körperliches Wohlergehen während ihres kurzzeitigen irdischen Daseins und vergessen, für ihr geistiges Wohlergehen während ihres langfristigen Aufenthalts im Jenseits vorzusorgen.

Aussage 2: Die höchstmögliche Stufe irdischer Vollendung kann nur erreicht werden durch Handeln und Tätigsein im Sinne der Nächsten- und Gottesliebe, und eine durch Bescheidenheit, Opfermut und die Bereitschaft zum Dienen geprägte Grundhaltung.

Aussage 3: Selbst- und Weltliebe, d. h. Streben nach Ehre, Gewinn, Vergnügungen des Körpers und der Sinne führen zu einem Rückschritt in der Entwicklung. Überheblichkeit und Herrschsucht wirken der Weiterentwicklung entgegen.

Aussage 4: Je größer die irdischen Güter und Gaben, desto größer, schwieriger und schwerer erkennbar ist die Prüfung und entsprechend strenger das Urteil im Jenseits.

Aussage 5: Es gibt keine Vergebung der Sünden ohne freiwillige Umkehr und Besserung.

Aussage 6: Erzwungener Gehorsam ist schädlich. Ein Wohlverhalten aus Angst vor Strafe ist wertlos. Der Mensch soll selbständig und frei seinen Weg gehen, deshalb kann es keine Läuterung ohne Versuchung und deren Überwindung geben.

Aussage 7: Niedere Gedanken kann und soll man abweisen. Sorgen und Not sind wichtige Prüfungen. Niemand ist vom Wege zur Vollendung ausgeschlossen.

Aussage 8: Das irdische Dasein dient der geistigen Entwicklung und besteht aus Prüfungen. Es bietet die Möglichkeit der Erlangung der Gotteskindschaft.

Kommentar:

Aufklärung und Säkularisierung haben den Glauben an ein Jenseits weitgehend verdrängt. Die existentiellen Fragen nach dem Woher, Wohin, Warum bleiben weitgehend unbeantwortet. Religiöser Jenseitsglauben hat im technisch-wissenschaftlichen Zeitalter an Überzeugungskraft verloren.
Jenseitige Kommunikatoren bemühen sich über Medien um Verdeutlichung und Ergänzung der religiösen Aussagen, um eine Beantwortung der drängenden Fragen nach dem Jenseits und der Prä- und Postexistenz.
Die tiefgehende und feste Überzeugung, daß das irdische Leben lediglich eine kurze Unterbrechung eines jenseitigen, ewig währenden Daseins ist, ist wahrscheinlich die wesentlichste Voraussetzung für eine schrittweise Reifung und Vollendung des Menschen.
Die medialen Schriften weisen wiederholt darauf hin, daß das irdische Dasein mit seinen Versuchungen und Konflikten, bei deren Überwindung sich der Mensch bewähren kann, eine intensivere und schnellere Entwicklungsmöglichkeit bietet, als das jenseitige Dasein. Daß dies so ist, wird vielfach berichtet. Warum es so ist, bleibt unserem Verständnis und unserer Einsicht weitgehend verschlossen. Es darf ein wesentlicher Grund darin gesehen werden, daß die Möglichkeiten der Wahrnehmung, der Mitteilung und des Handelns im Jenseits grundverschieden sind von denen des irdischen Daseins. Wesentlich ist dabei, daß der Mensch aufgrund des göttlichen Keims in seiner Geistseele, der Stimme des Gewissens, in freier Daseinsgestaltung und freier Erfahrung die göttlichen Gesetze erkennt und anerkennt und diese von den weltlichen zu unterscheiden lernt.

Die medialen Aussagen weisen darauf hin, daß religiöse Lehren und philosophische Erkenntnisse über Gut und Böse, über ethische Werte und Unwerte diesen Entwicklungsprozeß wesentlich erleichtern, jedoch nicht ersetzen können. Jede Form der Ausübung von geistigem Zwang führt zu geistiger Fehlentwicklung.
In den offenbar seltenen Fällen, in denen Duale während eines irdischen Daseins als Ehepartner, Verwandte oder Freunde zusammengeführt werden, ergibt sich eine wesentliche gegenseitige Hilfe und Förderung.
Durch die zahlreichen medialen Hinweise auf die Willensfreiheit, dem größten Geschenk Gottes an seine Geschöpfe, wird der geistigen Entwicklung des Menschen eine Leitlinie gegeben, zugleich aber wird auch seinem Selbstwert- und Würdegefühl eine höhere Ebene erschlossen.
Der theologische Begriff »stellvertretende Sühne und Buße« wird bei J. Lees explizit und in vielen anderen Aussagen der medialen Schriften implizit in Frage gestellt. Hier zeichnet sich ein religionswissenschaftliches Forschungsproblem ab.

Textausschnitte aus der Bibel:

Matth. 5, 44–45
Ich aber sage euch: Liebet eure Feinde; segnet, die euch fluchen; tut wohl denen, die euch hassen; bittet für die, so euch beleidigen und verfolgen, auf daß ihr Kinder seid eures Vaters im Himmel.

Matth. 7, 1–3
Richtet nicht, auf daß ihr nicht gerichtet werdet. Denn mit welcherlei Gericht ihr richtet, werdet ihr gerichtet werden; und mit welcherlei Maß ihr messet, wird euch gemessen werden. Was siehest du aber den Splitter in deines Bruders Auge und wirst nicht gewahr des Balkens in deinem Auge?

Matth. 16, 26
Was hülfe es dem Menschen, wenn er die ganze Welt gewönne und nähme doch Schaden an seiner Seele? Oder was kann der Mensch geben, damit er seine Seele wieder löse?

Matth. 19, 30
Aber viele, die da sind die Ersten, werden die Letzten, und die Letzten werden die Ersten sein.

Matth. 22, 37–40
Jesus aber sprach zu ihm: Du sollst lieben, Gott, deinen Herrn, von ganzem Herzen, von ganzer Seele und von ganzem Gemüte. Dies ist das vornehmste und größte Gebot. Das andre aber ist dem gleich: du sollst deinen Nächsten lieben wie dich selbst. In diesen zwei Geboten hängt das ganze Gesetz und die Propheten.

Luk. 12, 48
Denn welchem viel gegeben ist, bei dem wird man viel suchen; und welchem viel anbefohlen ist, von dem wird man viel fordern.

Joh. 15, 7
Wenn ihr in mir bleibet und meine Worte in euch bleiben, werdet ihr bitten, was ihr wollt, und es wird euch widerfahren.

Textausschnitte aus »Das Buch Emanuel« von B. Forsboom

Seite 52
Es ist jedem Menschen und jedem Geist möglich, die Vollkommenheit seines Wesens und seiner Stufe zu erringen.

Seite 62
Ringt euch empor, liebe Menschen, aus eurer Kleinlichkeit und eurer Unlauterkeit zu jener Stufe der Reinheit, die euch mög-

lich. Strebt das Höchste an, sucht es zu erfassen. Sagt nicht, daß ich zuviel verlange; sagt nicht, daß ich nicht wissen könne, was dem Erdenmenschen möglich ist.

Seite 78
Es kann keine Seligkeit der Vollendung für den einzelnen geben, wenn er nicht mit dem Sonnenlicht seiner Wesenheit die Schatten, die noch seinen Bruder umgeben, aufzulösen sucht.

Seite 79
Seid wahr, seid treu, verschlaft nicht euer kostbares Erdenleben! Jeder Augenblick ist von Wert für euch, wenn ihr ihn nur zu leben versteht.

Seite 108
Schranken, welche Äußerlichkeiten dem Geiste setzen, machen diesen selbst um nichts besser, geben ihm keine errungenen Werte an die Hand, wenn er in seine Geistheimat zurückkehrt.

Seite 117
Wie wenig aber lernt der Geist in einem Menschenleben! Wie schwach ist seine Erkenntnis wahrer Liebe und Güte, und überdies ist die Erkenntnis ihrer Betätigung meistens noch weit voraus.

Seite 143
Jede höhere Lehre muß zur eigenen Erkenntnis im Geist werden; geben kann ich dir nichts.

Seite 158
Erkenntnis ist immer Errungenes, nie Gegebenes.

Seite 161
Erkennt ihr, daß ihr auf einer höheren Stufe steht, als die Quelle eines in eurem Gehirn euch bewußt werdenden Gedankens, so weiset diesen ab!

Textausschnitte aus »Botschaften aus dem Jenseits« von Geistlehrer Josef und »Geistige Welt«

Band I, Seite 51

Das größte Gebot für jeden Geist und für jeden Menschen ist die Liebe! Wo er die Liebe verschmäht, da wird sein geistiges Feld dunkler. Gott liebt seine Kinder, und diese haben die Liebe weiterzugeben, und diese besteht in Treue, Wahrheit, Wohltun, Großmut; denn mit der wahren Liebe ist es unmöglich, etwas Unredliches zu tun.

Band I, Seite 52

Die Menschen sollten bestrebt sein, ihr Leben göttlicher zu gestalten, das tägliche Brot nicht nur als eine Selbstverständlichkeit hinzunehmen.

Band I, Seite 156

Es gibt Fälle, wo es für einen Menschen nicht gut ist, daß er in seiner ganzen Vollkommenheit dasteht; ich meine damit jene Menschen, die von klein auf ein Leiden mit sich bringen. Das sind karmische Leiden. Diese Leiden können aber beseitigt oder verkürzt werden.

Band III, Seite 20

Liebe Freunde, dieses irdische Leben ist für einen jeden Menschen eine Prüfung. Jeder Tag, der vergeht, ist eine Prüfung. Und ein Tag reiht sich an den andern – Prüfung an Prüfung, das ganze Erdenleben lang, nichts wie Prüfungen und Prüfungen!

Geistige Welt Nr. 19–77, Seite 267

. . . der Geist wurde mit einem irdischen, vergänglichen Leib umhüllt, weil ein Leben auf dieser Welt als Mensch die größten Möglichkeiten bietet, Prüfungen zu bestehen und sich rascher geistig vorwärts zu entwickeln.

Textausschnitte aus »Reise in die Unsterblichkeit« von R. J. Lees

Band II, Seite 53

Das Versäumnis, die geistige Seite des Lebens zu erkennen, ist wohl eine der häufigsten Torheiten der Menschen. Diese Unterlassung schützt aber niemanden vor den Folgen. Für die wirtschaftliche und materielle Seite des Lebens werden Kriege geführt und Regierungen gestürzt, für die geistige, »die einzig bleibende«, hat man höchstens am Sonntag einen flüchtigen Gedanken übrig.

Band II, Seite 139

Das Nachgeben gegenüber der Bequemlichkeit, das Kokettieren mit hundert kleinen Entschuldigungen für die eigene Eigensucht und Gleichgültigkeit erstickt das geistige Leben der Erde und ist der Grund dafür, daß ungezählte Seelen mit leeren Händen im Jenseits eintreffen.

Band II, Seite 175

Der Schlüssel zum Königreich des Himmels ist das gerechte Verhalten zum Mitmenschen.

Band II, Seite 191

Diese Lehre von der stellvertretenden Buße ist allein in den Köpfen der Menschen entstanden, sie hat nichts mit der Lehre Christi zu tun.

Textausschnitte aus »Das Große Evangelium Johannes« (Ev) und »Bischof Martin« (BM) von Jakob Lorber

Ev Band I, Kap. 113, 13

Jesus: Ich will Meine Lehre aber also stellen, daß durchs bloße Lesen oder Hören des Evangeliums niemand auf den Grund der lebendigen Wahrheit gelangen soll, sondern allein durchs Handeln nach Meiner Lehre; die Handlung erst wird jedem zu einer Leuchte werden!

Ev Band II, Kap. 207, 12
Jesus: . . . denn solange sich der Mensch nicht aus eigenem Antrieb ans Licht drängt, bleibt er Sklave im Geiste!

Ev Band VI, Kap. 52, 13
Jesus: Zur Besiegung eines gar zu großen Hindernisses auf dem Lebensweg werde Ich jedem Licht und Kraft geben. Aber vor allem muß jeder Mensch selbst so viel tun, wie in seinen Kräften steht.

Ev Band VIII, Kap. 22, 2
Jesus: Ließe Ich den vollen geistigen Tag allen Menschen plötzlich werden, so würden sie träge und gäben sich nicht mehr viel mit Suchen und Forschen ab. Sie würden wohl die Gebote halten und nach der in ihnen leuchtenden Wahrheit handeln, aber das auf eine mehr mechanische als lebendige Art; und so ist es besser, daß die Menschen erst von Stufe zu Stufe durch ihr eigenes Suchen, Forschen und Handeln den geistigen Tag in sich gewahren.

Ev Band II, Kap. 59, 14
Ein Engel: Solange ein Mensch nicht in allen möglichen Verhältnissen den Satan mit eigener Macht aus dem Kampffelde treiben kann, hat er die volle Kindschaft Gottes noch nicht. Wie sollte er aber je dieses Feindes Herr werden, wenn er nie mit ihm in Berührung käme? Das Reich Gottes kostet der Freiheit des ewigen Lebens wegen einen großen Kampf, und so muß euch auch Gelegenheit zum Kampfe zwischen Himmel und Hölle gegeben werden!

Ev Band III, Kap. 178, 5
Jesus: Zur Heranbildung der Kinder Gottes auf dieser Erde

müssen hier Himmel und Hölle unter einem Dache wohnen; denn ohne Kampf gibt es keinen Sieg! Wo das Höchste zu erreichen möglich ist, muß dafür auch die größte Tätigkeit aufgeboten werden.

Ev Band VIII, Kap. 162, 10
Jesus: Den Stürmen auf dem Meere gleich sind beim Menschen die zugelassenen geistigen Proben und Kämpfe. Sie muß jeder Mensch auf dieser Erde bestehen und sich zum wahren Leben emporkämpfen!

Ev Band VIII, Kap. 152, 14
Jesus: Wie sich in der Naturwelt alles aus zarten Anfängen durch Kämpfe zu höherem Werden und Sein gestaltet, so steht es nach Meiner Ordnung auch mit der Gewinnung der Lebensmeisterschaft des Menschen. Er muß anfangs selbsttätig auftreten und gegen die ihn bestürmenden Leidenschaften mit den ihm verliehenen Waffen zu kämpfen beginnen. Tut er das, so wird ihm nach dem Maße seiner Siege auch die Hilfe von Mir für weitere, ernstere Kämpfe und Siege verliehen werden, und er wird endlich trotz aller Stürme das Lebensziel erreichen.

Ev Band III, Kap. 218, 4
Jesus: Wer seine Sünde als Sünde erkennt, sie tatsächlich verabscheut, Gott über alles liebt und seinen Nächsten wie sich selbst, der ist vor Mir kein Sünder mehr.

Ev Band IV, Kap. 95, 1
Jesus: Durch das Dienen wird die Demut am meisten gefördert. Je untergeordneter ein Dienst erscheint, desto tauglicher ist er für die Ausbildung des wahren Lebens.

Ev Band IV, Kap. 104, 8
Jesus: Die zur Erweckung des freien Willens nötigen, in die Seele gelegten gegensätzlichen Reize heißen: Eigenliebe, Hochmut und Herrschsucht.

Ev Band IV, Kap. 188, 3
Jesus: Du tust Mir, deinem Gott und Schöpfer, keine Ehre an, wenn du dich als Mein Werk für gar nichts schätzest und dich tief unter die Würde eines Wurmes stellst.

Ev Band V, Kap. 271, 2
Jesus: Die Bescheidenheit ist eine schöne Tugend, und man kann sie den Menschen nur empfehlen. Aber allzu bescheiden zu sein, ist nicht selten unklug, weil man dadurch seinen Nächsten zur Selbstüberschätzung und zum Hochmut verführt.

Ev Band VII, Kap. 17, 7
Die vollkommenste Rückkehr zu Gott ist und bleibt nur auf und von dieser Erde möglich, weil hier jeder Mensch in seiner Seele und in seinem Geist Gott vollkommen ähnlich werden kann, wenn er nur will! Denn wer nach Gott strebt, der wird auch zu Gott kommen.

Ev Band VII, Kap. 220, 5
Jesus: Da die Menschen so vieles wagen zum Vorteil ihres Leibes, der sterben wird in kurzer Zeit, . . . warum wagen sie denn nicht mehr für die Seele, die ewig zu leben bestimmt ist?!

BM Kap. 159, 10 und 11
Zu einer Seele in der jenseitigen Welt: Der Herr tut Großes an dir, um aus dir einen rechten Engel zu machen; aber du selbst mußt auch etwas tun, da der Herr so viel tut, sonst wirst du dir ein höchst widriges Los bereiten!

BM Kap. 144, 11
Jesus: Das Zukommenlassen Meiner Gnade ist freilich Mein Werk, das da niemandem vorenthalten wird, aber das Ergreifen dieser Meiner Gnade und das Handeln danach ist das eigene Werk eines jeden freien Geistes.

Ev Band VI, Kap. 88, 5
Wer es versteht, recht viel des Lichtes aus der Gnadensonne

Gottes im Herzen seiner Seele aufzunehmen und zu behalten durch die Macht der Liebe zu Gott, der bildet in sich selbst eine Gnadensonne, die der Urgnadensonne in allem völlig ähnlich ist, und kommt dadurch zur allein wahren Lebensmeisterschaft.

Ev Band IX, Kap. 30, 13
Jesus: Über Kleines bist du nun gestellt, und über Großes sollst du dann gestellt werden; denn wer im Kleinen treu ist, der wird auch im Großen treu bleiben!

Textausschnitte aus »Mediale Schriften« von Dr. Karl Nowotny

Band I, Seite 68
. . . z. B. durch den Eingang in ein Kloster, unter dem Vorwand, nur Gott dienen zu wollen und sich auf ein höheres Leben im Jenseits vorzubereiten, ist nicht der richtige Sinn des Lebens . . . Den kann nur erreichen, wer Schwierigkeiten zu meistern gewillt ist und sich gerne und bewußt allen Gefahren des irdischen Daseins aussetzt.

Band I, Seite 84
Keine Sorge und Mühe, keine Not und Krankheit sind wertlos. Sie sind die Hauptpfeiler auf dem steilen Weg nach oben.

Band I, Seite 125
Der Mensch versteht sich selbst oft nicht und erkennt nicht den Wert oder Unwert seiner Lage. Er muß auch in erster Linie lernen, sich selbst zu verstehen, seine Handlungen und Taten unter die Lupe zu nehmen und rückhaltlos und ehrlich zu kritisieren. Es hat aber ebenso wenig Wert, sich selbst zu verurteilen und womöglich für unfähig und verloren zu betrachten, wie es unrichtig ist, über andere den Stab zu brechen.

Band I, Seite 126
Aber nicht dabei stehenbleiben darf der Mensch, der zur Einsicht kommt, daß er geirrt und gefehlt hat, sondern mit aller Kraft und innerer Überzeugung, mit ehrlichem Willen muß die Verpflichtung auf sich genommen werden, sich zu ändern, den richtigen Weg einzuschlagen.

Band II, Seite 134
Auch irdische Würden und einflußreiche Stellungen bedeuten noch lange nicht einen bestimmten Grad oder eine bestimmte geistige Entwicklungsstufe.

Band II, Seite 139
. . . denn es gilt der Grundsatz der Selbsterziehung für uns im Jenseits genauso wie für die irdische Menschheit.

Band II, Seite 150
Kein Mensch darf für sich das Recht in Anspruch nehmen, für einen anderen Wegbereiter zu sein oder besser gesagt, das Recht, einem anderen einen Lebensweg vorzuschreiben oder zu wählen, ohne ihn genau erforscht zu haben. Das aber kann kein irdischer Mensch.

Band II, Seite 199
Auch mit der irdischen Verbindung von Dualen können große Prüfungen und Aufgaben verbunden sein. Der eine Teil kann dem anderen zur Erfüllung seiner Pflichten und zur geistigen Entwicklung beigesellt sein, immer natürlich im guten Sinne. Niemals werden sich Duale hindern im geistigen Fortschritt – vom Jenseits her betrachtet –, wenn auch im irdischen Sinn Unstimmigkeit und Ungleichheit manchmal den Fortschritt und das Wohlbefinden zu stören scheinen.

Band III, Seite 8
Es ist also ein Unding, wenn die großen Gelehrten auf dem Gebiet der Technik, der Naturwissenschaften . . . ungeachtet

der Auswirkungen auf die Mitmenschen einen Fortschritt auf ihrem eigenen begrenzten Gebiet begehren und damit in vielen Belangen Gefahren für Leib und Leben der Menschen heraufbeschwören. Solche Irrtümer, die es zweifellos sind, vom Standpunkt der irdischen Menschen aus gesehen, werden von hier als Verbrechen betrachtet, und mancher Gelehrte – natürlich nur ein solcher, der um den sträflichen Leichtsinn in seinem Streben wußte – erkennt bei seinem Eingang ins Jenseits, was er angerichtet und wie sehr er gefehlt und die göttlichen Gesetze mißachtet hat.

Band III, Seite 126
Ich sagte schon an anderer Stelle, daß der Irrtum ein wichtiger Bestandteil des menschlichen Tuns und Lassens ist, und daß es ohne Irrtum keinen Fortschritt gibt, weil der Anreiz, seine geistigen Kräfte zu mobilisieren und sich zum Bessermachen zu entschließen, fehlen würde. Der Fehler, den die meisten Menschen aber dabei begehen, ist der, daß sie zu rasch verzagen, sich als minderwertig und unfähig bezeichnen und gern als Märtyrer ihrer eigenen Unfähigkeit auf den Fortschritt verzichten.

Band IV, Seite 6
Ich habe schon einmal festgehalten, daß man durch Bitten und Beten keine Absolution erflehen kann für ungehörige Taten, es sei denn, daß man um den besten Weg bemüht ist, das Unrecht gutzumachen.

Textausschnitte aus »Himmel und Hölle« von Emanuel Swedenborg

Seite 209
Alle, die sich in der Welt Einsicht und Weisheit erworben haben, sind im Himmel willkommen und werden Engel, jeder nach der Beschaffenheit und Größe der Einsicht und Weisheit.

Seite 210
Wahre Einsicht und Weisheit ist: Sehen und Innewerden, was wahr und gut, und hieraus auch, was falsch und böse ist, und es wohl voneinander unterscheiden, und zwar dies aus inwendigem Anschauen und Innewerden.

Seite 218
. . . wer redlich handelt, und den anderen nicht betrügt, bloß darum, weil er die Gesetze, den Verlust des guten Namens und infolgedessen den der Ehre oder des Gewinnes fürchtet, und wenn ihn diese Furcht nicht zügelte, den anderen betrügen würde, so viel er könnte, dessen Denken und Wollen ist Betrug, und doch scheinen seine Taten in der äußeren Gestalt als redlich; ein solcher hat, weil er innerlich unredlich und betrüglich ist, die Hölle in sich.

13 Aussagen von medialen Mitteilungen über »Hilfen aus dem Jenseits«

Zusammenfassung der Aussagen

Aussage 1:	Jeder Mensch wird von guten und bösen Geistwesen begleitet und beeinflußt.
Aussage 2:	Die Zusammensetzung der geistigen Begleitung und des Anhangs richtet sich nach den Neigungen des Menschen.
Aussage 3:	Durch Vertrauen zu den guten Geistwesen und durch Willenskraft kann der Einfluß der bösen Geistwesen zurückgedrängt werden.
Aussage 4:	Hilfe von seiten der guten Geistwesen (Schutzgeister und Geistführer) wird nur gewährt nach vorangehendem intensiven eigenen Bemühen um die richtige Erkenntnis und Lebensauffassung.
Aussage 5:	Bitten um materielle Hilfe werden nicht gewährt, sofern diese egoistischer Art sind.
Aussage 6:	Große geistige und künstlerische Leistungen kommen immer mit der Hilfe jenseitiger guter Geistwesen zustande.
Aussage 7:	Wenn sich der Mensch weiterentwickelt oder verändert, wechselt auch die Zusammensetzung der geistigen Begleitung und des Anhangs.
Aussage 8:	Gute Geistwesen üben keinen Zwang aus.
Aussage 9:	Abhängigkeit von Geistwesen ist eine Fehlentwicklung (Umsessenheit und Besessenheit).

Kommentar:

Wir werden nicht allein gelassen. Von Gott ausgewählte Geister begleiten uns ständig und versuchen, Einfluß auf uns zu nehmen. Es sind die Geistführer und Schutzgeister. Aber nicht nur diese begleiten uns. Auch übelwollende und böse Geistwesen sind in unserer Nähe, die Versucher.

Die medialen Schriften weisen darauf hin, daß die Zusammensetzung des geistigen Anhanges vom Reife- und Entwicklungsgrad des Menschen abhängt. Nach dem im Jenseits und auch im Diesseits gültigen Gesetz, nach welchem Ähnliches Ähnliches anzieht, gesellen sich solche Geistwesen zum Menschen, die sich durch seine Strebungen und Wünsche angezogen fühlen. Es ist daher dem freien Willen des Menschen anheim gegeben, die Zusammensetzung des Anhanges zu verändern.

Jedem Menschen ist es möglich, gedanklich Fragen und Bitten an den Herrn, aber auch an seine ihm von Gott beigegebenen geistigen Begleiter bzw. Schutzgeister zu richten. Die Antworten erfolgen meistens nicht sofort und nur dann, wenn es sich um existentiell bedeutsame und nicht egoistische Probleme handelt, die sich bei äußerstem und ernsthaftem Bemühen nicht von dem betreffenden Menschen selbst lösen lassen. Die Antwort wird in vielen Fällen auf inspirativem Wege gegeben in Form eines rechtzeitigen guten Einfalles zum in Frage stehenden Problem; es kann z. B. auch eine Äußerung eines anderen Menschen sein oder ein hilfreiches Ereignis.

Nur der aufmerksame Mensch bemerkt diesen Einfluß, er wird meistens für Zufall gehalten. Auf keinen Fall darf nach den jenseitigen Gesetzen der freie Wille des Menschen durch den Einfluß der guten Geister beeinträchtigt werden. Es wird von diesen Geistern nicht der geringste Zwang ausgeübt.

Ganz anders wirkt sich die Einflußnahme übelwollender Geister aus. Wenn sich solche Geistwesen von Menschen entsprechender Entwicklungsstufe angezogen fühlen und diese sich deren Einfluß seelisch öffnen, kann es zu Zwangseinflüssen kommen, die bis zur Besessenheit führen. Nach den medialen Mitteilungen ist jedoch der normale gesunde Mensch vor solchen Einflüssen geschützt, bzw. kann er sich durch Bitten an seine Schutzgeister davor schützen.

Textausschnitte aus der Bibel

Matth. 7, 7
Bittet, so wird euch gegeben; klopfet an, so wird euch aufgetan.

Matth. 11, 28
Kommet her zu mir alle, die ihr mühselig und beladen seid; ich will euch erquicken.

Joh. 14, 23
Jesus antwortete und sprach zu ihm: Wer mich liebt, der wird mein Wort halten; und mein Vater wird ihn lieben, und wir werden zu ihm kommen und Wohnung bei ihm machen.

Textausschnitte aus »Das Buch Emanuel« von B. Forsboom

Seite 74
Die Arbeit, einem tiefstehenden Menschen zu etwas wahrerer Empfindung und Anschauung zu verhelfen, vermag ein gut wollender, nicht weit vorangeschrittener Geist zu leisten, und zwar besser zu leisten als ein hochstehender Geist, weil ersterer eine solche menschenähnliche Sprache spricht und weil auch der Stoff seiner Fluide sich besser mit dem fluidischen Kreis des Menschen vermischt... Wenn ein Mensch mit Vorsatz schlecht ist, die Stimme des Gewissens konsequent betäubt, so kann der Schutzgeist seines Amtes nicht mehr walten und verläßt den Menschen, weil es zwecklos geworden ist, ihn länger zu umgeben.

Seite 75
Es ist nicht notwendig, daß ein Schutzgeist von der irdischen Geburt bis zum Ende des Menschenlebens an den Menschen

gebunden ist. Wenn ein Mensch eine geistige Arbeit hat, zu der er höherer Führung bedarf, so wird ihm diese durch einen hochstehenden Geist zuteil; doch bedingt dies nicht, daß der Geist so an den Menschen gebunden ist, wie ihr dieses Wort versteht.

Textausschnitt aus »Der Verkehr mit der Geisterwelt Gottes« von J. Greber

Seite 151

Ihr könnt euch den Verkehr der guten Geister mit euch nicht menschlich genug vorstellen. Sie sind ja eure besten Freunde und bei euren gottesdienstlichen Versammlungen in großer Zahl vertreten. Es sind meistens Geister, die früher Menschen waren, wie ihr und nun im Jenseits zu Gott sich emporgearbeitet haben. Sie sind euch als Führer, Berater und Beschützer zugeteilt.

Textausschnitte aus »Botschaften aus dem Jenseits« von Geistlehrer Josef

Band I, Seite 135

. . . denn dir werden Schutzgeister gegeben, die deinem Licht entsprechen, aus derjenigen Sphäre, in die du kommst.

Band III, Seite 118

Erfülle deine Aufgaben, lieber Freund, dann kommen die Führerengel zu dir, sie wohnen bei dir. Sie bringen dir eine unendliche Kraft, sie bringen dir Lieblichkeit, sie bringen dir Energie, sie bringen dir Brot, sie bringen dir Gesundheit, sie bringen in allem Segen Gottes! Du wirst von allen diesen Kräften gestärkt und durchflutet werden.

Textausschnitte aus
»Himmelsgaben« (Hi)
»Das Große Evangelium Johannes« (Ev)
»Die Geistige Sonne« (GS)
und »Die Haushaltung Gottes« (H)
von Jakob Lorber (27)

Hi Band I, Seite 380, 10
Der Herr: Es lebt nicht ein Mensch auf dieser Erde, dem nicht Geister aus einer besseren Welt beigegeben wären. Und diese Geister sind ständig bemüht, ihre Schützlinge zum Licht und zum Leben alles Lebens zu führen.

Ev Band VI, Kap. 225, 3
Jesus: Wenn dir ein guter, sehr erleuchteter Geist unsichtbar Gedanken und Gefühle ins Herz legt, dann ist das so gut, als hättest du diese selbst in dir gefunden; sie einen sich mit deinem Leben und bestimmen dich zur Tätigkeit.

Ev Band IX, Kap. 123, 17
Thomas: Wie wäre je ein Mensch verständig und voll Vernunft und höherer Erkenntnis geworden, wenn Gott nicht durch himmlische Wesen ihn erzogen und sich ihm geoffenbart hätte?

Ev Band VIII, Kap. 57, 14
Jesus: Ich war wohl schon von Ewigkeit her in Mir Selbst in aller Macht und Herrlichkeit, aber Ich war dennoch für kein geschaffenes Wesen ein schaubarer und begreifbarer Gott, auch nicht für einen vollkommensten Engel! Wenn Ich Mich jemanden, wie Abraham, Isaak und Jakob, schaubar machen wollte, so geschah das dadurch, daß Ich einen Engel besonders stark mit dem Geiste Meines Willens erfüllte, so daß er dann auf gewisse Augenblicke Meine Persönlichkeit darstellte. – Aber von nun an bin Ich allen Menschen und Engeln ein schaubarer Gott und habe ihnen ein vollkommenstes ewiges, selbständiges und freiestes Leben begründet.

GS Band II, Kap. 13, 7
Der Evangelist Johannes in seiner geistigen Sphäre: Vor der Darniederkunft des Herrn konnten nicht einmal die allerreinsten Engelsgeister die Gottheit je anders sehen, als ihr da sehet die Sonne am Firmament. Und keiner von ihnen hätte es gewagt, sich die Gottheit unter einem Bilde vorzustellen, wie solches denn auch den Israeliten aufs strengste verboten war!

GS Band I, Kap. 60, 15–17
Der Herr: Siehe, wie unvollkommen glücklich wären Meine Kinder und Ich, wenn es Mir nicht möglich wäre, Mich Selbst als Vater überallhin in Meiner ganzen Fülle persönlich wesenhaft zu versetzen, wo immer nur Meine Kinder sind. Denn der Himmel ist unendlich! Wäre Mir eine solche wesenhafte, Meiner Einheit völlig unbeschadete Vervielfachung nicht möglich, wie verwaist wären da Meine Kinder und wie allein wäre Ich Selbst mitten unter ihnen!

Ev Band V, Kap. 248, 16
Jesus: Wo zwei oder drei in einer Angelegenheit, die gut in Meiner Ordnung ist, in Meinem Namen sich versammeln, da werde Ich im Geiste unter ihnen sein und gewähren, um was sie Mich bitten.

Ev Band IX, Kap. 74, 11–13
Jesus: Wahrlich, Ich sage euch: Um was ihr den Vater bittet in Meinem Namen, das wird euch auch gegeben! Wo wäre ein Vater unter den Menschen, der einem Kind, das ihn um ein Stück Brot bittet, einen Stein gäbe? – Um wieviel mehr wird der übergute Vater im Himmel denen Gutes erweisen, die Ihn liebend und gläubig darum bitten! Daher möget ihr allezeit frohen Herzens und Mutes sein; denn der heilige, gute Vater wacht stets über euch und sorgt um euer Wohl und Seelenheil!

GS Band II, Kap. 30, 12
Der Evangelist Johannes: Der Herr will vor allem die Selbster-

kenntnis Seiner Kinder erwecken, daher läßt Er auch alles von ihnen selbst zuvor beurteilen und bemessen, also auch ihre Not, auf daß sie Ihm dann diese nach ihrer Erkenntnis vortragen und Er ihnen dann helfe nach ihrer Erkenntnis und ihrem Verlangen.

Ev Band V, Kap. 169, 2–3
Jesus: Ich werde jedes ernsten Strebens Hilfe, Kraft und Stütze sein. In der Zeit der Not werde Ich niemanden verlassen, der treugläubig und Mich liebend auf Meinen Wegen gewandelt ist. Ist er aber durch allerlei Lockungen der Welt von Meinen Wegen abgewichen, dann muß er es sich schon selbst zuschreiben, wenn für ihn Meine Hilfe zur Zeit der Not unterm Wege verbleibt und das so lange, bis der Gefallene sich reuig an Mich wendet.

Ev Band V, Kap. 169, 4
Wer mit einer für seine Kraft zu großen Lebensbürde belastet ist, der komme im Herzen zu Mir, und Ich werde ihn stärken und erquicken. Denn Ich gebe eben darum manchem eine größere Bürde zu tragen, auf daß er fühle seine Schwäche und dann im Herzen zu Mir komme und Mich um Kraft bitte. Ich werde ihn dann stärken in jeglicher Not und ihm ein rechtes Licht geben, zu durchwandeln die finsteren Wege dieser Welt. Wer aber die zu große Bürde wohl fühlt, doch nicht zu Mir kommt im Herzen, der muß es sich selbst zuschreiben, so er erliegt unter der Last des Erdenlebens.

H Band II, Kap. 268, 6
Henoch: Jeder Mensch kann sich allezeit an Gottes Vaterliebe wenden, wenn er etwas vonnöten hat, und der Vater wird es ihm geben, wenn es ihm gut ist, oder auch vorenthalten, wenn es ihm nicht gut sein sollte. Ob aber gut oder nicht gut, darum möget ihr allezeit den Vater bitten, und seid versichert, Er wird euch den wohlvernehmlichen Rat nicht schuldig bleiben und

wird reden zu eurem Herzen, wenn ihr Ihn vollernstlich darum bitten werdet.

Textausschnitte aus »Mediale Schriften« von Dr. Karl Nowotny

Band I, Seite 19

Wenn einmal der Verkehr mit der Geisterwelt zur wissenschaftlichen Forschung gehören wird, dann werden wir Ärzte hier im Jenseits, so wie wir jetzt insgeheim Hilfe leisten, offen den Ärzten auf der Erde zu Diensten sein können. Dann kann eine ernsthafte Befragung manchen Fehler in der Behandlung vermeiden helfen und eine Fehldiagnose vollkommen ausgeschaltet werden.

Band I, Seite 33

Dazu muß gesagt werden, daß jeder Mensch entsprechend seiner geistigen Reife einen guten Führer an der Seite hat, der bemüht ist, seine Gedanken zu lenken und ihm den rechten Weg zu weisen ... nun kommt aber erschwerend dazu, daß der Mensch nicht nur seinen Führergeist an der Seite hat, sondern oft umgeben ist von einer Anzahl von Geistwesen, die entweder aus Verbundenheit, in Liebe oder aus anderen Motiven nicht von der materiellen Welt fort wollen ... An willensstarke und seelisch gesunde Menschen kommen sie nicht leicht heran.

Band I, Seite 74

Es muß den Menschen vor jeder Beschäftigung mit außerirdischen Dingen einwandfrei klargemacht werden, daß es nur sinnvoll ist, sich überhaupt damit zu befassen, wenn man den Wunsch hat, besser zu werden, den Weg zur Wahrheit zu finden und eine richtige Lebensauffassung zu erreichen.

Band II, Seite 137

In irdischer Auslegung ist das Gewissen nichts anderes als die Selbstkritik, also ein rein geistiger Vorgang, eine Betätigung des

Gehirns. In Wahrheit ist es die Seele, die sich dem Einfluß und Rat ihres Führers öffnet und mit gutem Willen auch die erteilten Urteile und Ratschläge empfängt.

Band II, Seite 138
Das ist aber die weise göttliche Fügung, daß der irdische Mensch gezwungen ist, sich solche Verbindung erst zu erarbeiten und seine ihm gestellten Aufgaben nicht unter sichtbarer Leitung oder gar unter Zwang zu erfüllen und zu meistern. . . . sich selbst erziehen, heißt also in erster Linie, sich seinem geistigen Führer anvertrauen und seinen Rat und seine Mahnungen zu befolgen . . . rein geistige Fragen sollen da gestellt werden, wenn es um die Beurteilung einer Einstellung zu den Mitmenschen geht, wenn der Charakter geprüft werden soll und die Berechtigung zu eigener Wertschätzung. Letztere ist wohl die wichtigste Frage, die jeder Mensch immer wieder an seinen Führer richten soll.

Band IV, Seite 34
Ich will . . . hervorheben, daß man nicht glauben darf, ein Geistwesen habe die Erlaubnis oder den Auftrag, Rätsel zu lösen und Fragen zu beantworten, die darauf abgestellt sind, den eigenen Geist zu schonen oder sich Mühe und Arbeit zu ersparen, auch etwa nur die Bestätigung zu erhalten, daß das, was man unternimmt, richtig und gut ist. Nur da dürfen wir helfen oder weiterhelfen, ganz im geheimen, wo der eigene Wille des Menschen selbständig bemüht ist, den rechten Weg zu finden.

Band IV, Seite 119
Kein hohes Geistwesen wird Befehle erteilen und Zwang ausüben. Es würde gegen die grundlegenden Voraussetzungen verstoßen, unter denen der Mensch auf diese materielle Welt kommt, nämlich gegen die Verpflichtung, aus freiem Willen und eigener Kraft die Schwierigkeiten zu meistern und seinen geistigen Fortschritt wahrzunehmen.

Textausschnitte aus »Himmel und Hölle« von Emanuel Swedenborg

Seite 167
Bei jeglichem Menschen sind gute und böse Geister: durch die guten Geister hat der Mensch Verbindung mit dem Himmel und durch die bösen Geister mit der Hölle.

Seite 168
. . . und seine Freiheit kann ihm (dem Menschen) nicht gegeben werden, wofern nicht Geister aus der Hölle auf der einen Seite, und Geister aus dem Himmel auf der anderen wirken, und der Mensch in der Mitte ist.

Seite 170
. . . und inwieweit der Mensch nicht durch gute Geister vom Bösen zurückgehalten werden kann, insoweit feuern sie ihn an, und inwieweit die Neigung herrscht, insoweit hängen sie sich ihm an und weichen nicht zurück. In dieser Weise ist der böse Mensch mit der Hölle und der gute Mensch mit dem Himmel verbunden.

Seite 172

. . . daraus erhellt, daß weil bei dem Menschen durch die Geister nicht ein Denken, sondern bloß die Neigung zum Guten und die Neigung zum Bösen eingeflößt wird, dem Menschen die Wahl, weil die Freiheit, bleibt, daß er somit in sein Denken das Gute aufnehmen und das Böse verwerfen kann.

C In den Aussagen medialer Mitteilungen enthaltene Hinweise an die Forschung

Die in den vorangehenden Kapiteln dargestellten medialen Aussagen enthalten unverkennbar eine Reihe von Thesen, die im Widerspruch zu den Lehrmeinungen verschiedener Wissenschaftsbereiche stehen und zu einer Stellungnahme herausfordern. Die Forschung wird aufgefordert, die Grenzen des Wissens auf verschiedenen Gebieten in bisher ungewohnten Richtungen zu erweitern. Diese Aufforderungen erhalten ihre Legitimation durch die Bezugnahme auf transzendente Erkenntnisquellen, die dem irdischen Forscher im allgemeinen nicht bekannt sind. Die medialen Aussagen enthalten keine abschließenden Ergebnisse und Erkenntnisse, denn solche Mitteilungen würden den für Hilfeleistungen aus dem Jenseits gültigen Gesetzen widersprechen. Es sind Hinweise und Anregungen für eigene Bemühungen der angesprochenen Forscher, für die Betätigung des eigenen freien Willens und die Entwicklung eigener Initiativen. Es werden nur Thesen mitgeteilt, Behauptungen, die es zu beweisen gilt, wobei die Beweise nicht nur mit den in der Naturwissenschaft üblichen Methoden erlangt werden können. Natur- und Geisteswissenschaften sind gemeinsam angesprochen und zu einer bisher nicht gekannten Synthese aufgerufen. Vielleicht sind die paranormologischen Denkansätze hier ein Anfang.

1. Hinweise an die physikalische Forschung

Die in den medialen Aussagen enthaltene These lautet: Es gibt ein Jenseits, einen transzendenten Lebensbereich, in dem andere Naturgesetze gelten als in der Raum-Zeit-Welt. Es werden Hinweise gegeben über die Art der Abweichungen. Ortsveränderung, Nachrichtenübermittlung, Formgestaltung und vieles mehr vollziehen sich ganz anders als im Diesseits. Wie dies im einzelnen geschieht, darf offenbar nicht mitgeteilt werden.
Eine transzendente, höherdimensionale Physik zu entwickeln, ist dem freien Willen und der freien Initiative der Menschen überlassen. Die Physiker sind herausgefordert. Wie es scheint, hat Burkhard Heim hier als erster einen solchen Schritt gewagt. In seinem Werk »Elementarstrukturen der Materie« (28) hat er eine fünfte und eine sechste Dimension in die Rechnungen mit einbezogen.

2. Hinweise an die Biologie

Die medial mitgeteilte These lautet: Der Mensch besteht aus Geist, Seele und Körper. Die Seele enthält die Lebenskraft. Sie baut den Körper aus den Keimzellen heraus aufgrund der vorprogrammierten Bauanweisungen der Gene auf und erhält ihn am Leben.
Hieraus folgt, daß alle wesentlichen biochemischen Vorgänge sowie die Bildung von Organen und Organellen durch die Seele bewirkt werden. Einzelheiten können offenbar auch hierüber nicht mitgeteilt werden. Es bleibt der biologischen Forschung überlassen, diese Spur zu verfolgen. Ein völlig ungewohntes Denken ist erforderlich und viel Mut, die Wunder der Chemie im biologischen Bereich auf das Einwirken der Seele zurückzuführen.
Einem feinstofflichen Etwas, das bisher in den Bereich des Aberglaubens verwiesen wurde, würde eine Schlüsselfunktion zuerkannt werden. Der der Seele innewohnenden, intelligent

steuerbaren Lebenskraft käme eine Rolle zu vergleichbar mit der eines Handwerkers, der exakt nach Vorschriften zu arbeiten versteht, jedoch nicht die Kompetenz und Fähigkeiten besitzt, diese Vorschriften zu verändern.
Eine kleine Minderheit aufgeschlossener Forscher hat, wie es scheint, meistens unter Verzicht auf die Bühne der Öffentlichkeit, damit begonnen, die Existenz, die Möglichkeit und Grenzen der seelischen Kräfte im biologischen Geschehen zu erforschen.

3. Hinweise an die Medizin

In den medialen Mitteilungen heißt es: Alle Erkrankungen mit Ausnahme der Körperverletzungen sind auf eine kranke Seele zurückzuführen. Die psychosomatischen Wechselwirkungen haben demnach eine wesentlich größere Bedeutung als dies der medizinischen Lehrmeinung entspricht. Die empirischen Erkenntnisse auf diesem Gebiet sind sehr alt und nicht nur bei den Naturvölkern weit verbreitet. Geist- und Wunderheilungen gab es zu allen Zeiten. Die Schulmedizin erschließt sich diesen Phänomenen nur zögernd.
Es verdichtet sich die Erkenntnis, daß Geistheilungen von dauernder Wirkung an undogmatische, ethisch-religiöse Grundvoraussetzungen gebunden sind. Die medizinische Forschung steht vor der Aufgabe, diese Zusammenhänge zu klären, der Geistheilung den richtigen Platz im Heilungsgeschehen einzuräumen und die berufenen Geistheiler von den Scharlatanen zu unterscheiden.

4. Hinweise an die Psychologie

Die These aus medialen Quellen lautet: Geist und Seele sind untrennbar miteinander verbundene, feinstoffliche, unsterbliche Entitäten. Der Körper einschließlich des Gehirns und Ner-

vennetzes dient der Doppelentität »Geist und Seele« vorübergehend während einer Inkarnation als Werkzeug. Die Seele ist der Sitz der Gefühle, des praktischen unfreien kausalen Willens und des Verstandes sowie der Lebenskraft. Die Seele empfindet und denkt, sie bedient sich der Sinnesorgane und des Gehirns, um Informationen aus der Umwelt aufzunehmen bzw. um Gefühle und Denkergebnisse an die Umwelt mitzuteilen oder Handlungen zu vollziehen.
Der Geist ist Sitz des freien Willens, der Ideen, der Individualität und der Motivationen zur Aufwärtsentwicklung und Vollendung der Seele.
Von Körper und Umwelt einerseits und andererseits vom Geist ausgehende Motivationen stehen häufig im Widerstreit und beeinflussen die seelische Entwicklung. Die Erinnerung an das geistig-seelische Geschehen bleibt nach dem Tode erhalten.
Diese Auffassung steht in vielerlei Hinsicht im Widerspruch zu den Lehrmeinungen der Psychologie. Für die psychologische Forschung ergibt sich die Aufgabe zu prüfen, ob die gut dokumentierten wissenschaftlichen Erkenntnisse im Bereich der Psychologie auch auf der Basis der durch die Aussagen der medialen Mitteilungen gegebenen Hinweise Bestand haben und ob sich ungeklärte Fragen auf diesem Wege eventuell besser klären lassen.

5. Hinweise an die Linguistik

Die medial übermittelte These lautet: Die Verständigung im Jenseits erfolgt über eine Einheitssprache. Jedes Geistwesen versteht diese Sprache und kann sich mit ihrer Hilfe verständigen. Auch inkarnierte Geistwesen, also Menschen, verstehen diese Sprache. Es ist die Sprache der Telepathie und der Inspiration. Man nennt sie auch Gedanken-Bildersprache. In der linguistischen Terminologie heißt sie Interlingua, die jedoch nur in der Idee existiert. Die Begriffe und die Begriffsverknüpfungen, die durch eine Sprache übermittelt werden sollen, sind bei allen Sprachen die gleichen, nur die Worte, die syntaktischen Regeln und ihre Mehrdeutigkeiten sind verschieden. Bei der Verständigung im Jenseits gibt es keine Übersetzungsschwierigkeiten. Die Gedanken-Bildersprache, die von Mehrdeutigkeiten befreite Begriffssprache, kann nicht mißverstanden werden.

Die medialen Mitteilungen über die Verständigung im Jenseits sind eine Herausforderung an die linguistische Forschung.

6. Hinweise an die Ethik

Mediale Mitteilungen aus allen Zeiten enthalten in weitgehender Übereinstimmung Empfehlungen über menschliches Wohlverhalten.

Ausgehend von der Erkenntnis einer pränatalen und postmortalen Existenz des Menschen und einer Daseinsdeutung im Sinne einer langsamen Reifung und Entwicklung bis zur individuellen Vollendung über viele Inkarnationen hinweg werden auf medialem Wege entsprechende Verhaltensempfehlungen gegeben.

Es läßt sich in den medialen Äußerungen aus den verschiedensten Quellen ein in sich geschlossenes, auf die praktische Lebensgestaltung bezogenes, ethisches System erkennen. Als höchstes Ziel könnte die individuelle Vollendung in vielen Stufen irdischer und jenseitiger Existenz angesehen werden.

Die vielfältigen diesbezüglichen Hinweise medialer Herkunft zu sammeln, zu ordnen, zu formulieren und interpretieren ist eine Herausforderung an die Philosophie, speziell die philosophischen Bemühungen um den Begriff Ethik.

7. Hinweise an die Theologie

Offenbarungen sind eine wichtige, vielleicht die wichtigste Grundlage der Theologie. In der christlichen Theologie werden im wesentlichen die biblischen Offenbarungen anerkannt. In den medialen Mitteilungen, speziell den in dieser Studie erwähnten, wird vielfältig darauf hingewiesen, daß der Menschheit ständig Offenbarungen gegeben wurden und werden. Damit wird der theologischen Forschung nahegelegt, den bisher eingenommenen Standpunkt zu überdenken und die Neuoffenbarungen und medialen Mitteilungen einer aufgeschlossenen kritischen Prüfung zu unterziehen.

Es läßt sich erkennen, daß viele mediale Mitteilungen Hinweise enthalten, die einen wesentlichen Beitrag liefern könnten zur Überwindung der theologischen Anpassungsschwierigkeiten an die moderne naturwissenschaftlich-technische, soziologische und wirtschaftliche Entwicklung.

D Grundelemente einer transzendenten Welt-anschauung in Thesenform

Präambel:
Kosmos und Leben
entstanden nicht durch Zufall,
sondern wurden geschaffen.

1. Transzendente Erkenntnisquellen

Durch prophetische Aussagen, mediale Mitteilungen und Inspirationen wurden und werden die Menschen schrittweise an die transzendenten Wahrheiten herangeführt.

Durch diese Nachrichten aus dem Jenseits wurden und werden die Menschen über solche Fakten und Zusammenhänge informiert, die auf anderen Wegen nicht erkennbar sind.

Mediale Mitteilungen wurden und werden meistens verdeckt gegeben, angepaßt an den Reifegrad und das Verständnis der jeweiligen Adressaten.

Es gab und gibt immer auch falsche Propheten. Diese von den echten zu unterscheiden war und ist Aufgabe des kritischen Verstandes.

2. Mediale Informationen über den Ursprung der Menschheit

Die Urschöpfung Gottes war feinstofflicher Natur.
Vor unvorstellbar langer Zeit wurden von Gott Geistwesen in unermeßlicher Zahl geschaffen.

Jedes dieser Geistwesen war von verschiedener Individualität, es gibt nicht zwei gleiche.

In jedes dieser Geistwesen wurde ein göttlicher Keim gelegt, der sich zur Vollendung seiner Wesenheit entwickeln sollte, d. h. zur Gottähnlichkeit, jedoch nicht zur Gottgleichheit.

Allen Geistwesen war Schöpfungskraft, freier Wille und die Kenntnis der göttlichen Gesetze verliehen.

Es waren auch gegensätzliche Eigenschaften in die Seelen der Geistwesen gelegt, die sich in freier Lebensgestaltung und freier Willensentscheidung harmonisieren sollten.

Die Entwicklung dieser Geistwesen verlief unterschiedlich aufgrund ihrer verschiedenartigen Individualität.

Ein Teil erkannte in einer frühen Entwicklungsphase die vollendete Weisheit der göttlichen Gesetze und folgte ihnen freiwillig, ein anderer Teil erkannte diese Gesetze nicht an und versuchte eigene Wege zu gehen.

Gott duldete diese freie Willensentscheidung, nahm jedoch den Geistwesen, die eigene Wege gehen wollten, die Schöpfungskraft, um deren Mißbrauch zu verhindern. Es kam zu einer Trennung der Geistwesen in verschiedene Sphären, in der Mythologie »Geisterfall« genannt.

Als Lebensraum für diese gefallenen Geister wurden eine jenseitige halbmaterielle Läuterungssphäre und der materielle Kosmos geschaffen.

Den gefallenen Geistern wurde damit Gelegenheit gegeben, in inkarnierter Form auf einem der vielen Planeten, in exkarnierter Form in der jenseitigen Läuterungssphäre sich langsam zur Reife zu entwickeln.

Die Menschen mit geringen Ausnahmen sind gefallene Geistwesen und gehören der großen Gruppe der gefallenen Geister an.

Der Tod ist keine Beendigung des Lebens, sondern eine Umwandlung der Lebensform. Der körperliche Tod ist zugleich eine jenseitige Geburt, während die körperliche Geburt eine Umwandlung der jenseitigen Daseinsform in die diesseitige darstellt.

Die Inkarnationen erfolgen so oft wie notwendig, um die angestrebte Reife zu erlangen. Grundsätzlich aber kann diese Reife in einem Erdenleben erreicht werden.

Zwischen zwei Inkarnationen erfolgt meistens eine Schulung in der jenseitigen Läuterungssphäre.

Die Möglichkeiten einer Weiterentwicklung sind während eines körperlichen Daseins auf einem Planeten wesentlich größer als in der jenseitigen Läuterungssphäre.

Die Inkarnationen erfolgen nicht immer auf demselben Planeten.

Bei Erlangung der angestrebten Reife ist eine weitere Inkarnation nicht mehr notwendig. Der Weg ist dann frei für eine Rückkehr in die früher verlassene geistige Sphäre und in die Nähe Gottes.

3. Mediale Hinweise auf eine transzendente Ethik

Die Erinnerung an frühere Leben wird bei der Inkarnation aus dem Wachbewußtsein verdrängt. Der Mensch kann somit unbefangen und frei seine Lebensaufgaben erfüllen.

Für den Ablauf eines jeden menschlichen Lebens gibt es eine Vorbestimmung. Die wesentlichen Stationen des Lebensweges sind in einem mitgebrachten Programm festgelegt.

Der Verlauf des Lebensweges im einzelnen kann jedoch durch den freien Willen des Menschen weitgehend beeinflußt werden.

Die Hauptschwierigkeit für die Weiterentwicklung der Menschen während des irdischen Daseins ist die ungenügende Information über die Zusammenhänge zwischen Diesseits und Jenseits.

Die meisten Menschen vollbringen die größten Anstrengungen für ihr körperliches Wohlergehen während ihres kurzen irdischen Daseins und versäumen die Vorsorge für das viel länger währende jenseitige Dasein.

Die Erkenntnis der Zusammenhänge zwischen Diesseits und Jenseits allein reicht jedoch nicht aus. Für eine geistig-seelische Weiterentwicklung ist ein Handeln und Tätigwerden im Sinne dieser Erkenntnisse die Voraussetzung.

Eine frei gewählte aktive Daseinsgestaltung, geprägt durch Nächstenliebe, Bescheidenheit und Opfermut, ist der geistig-seelischen Weiterentwicklung förderlich.

Welt- und Eigenliebe, Herrschsucht und Eitelkeit sind der Weiterentwicklung abträglich.

Ein Leben in Wohlstand kann ebenso eine Prüfung sein, wie ein Leben in Leid und Not. Es gilt, den Sinn dieser Prüfungen zu erfassen, Fehlentwicklungen zu erkennen und diese zu vermeiden.

Ein Wohlverhalten aus Angst vor Strafe führt zu keinem Fortschritt. Es kommt auf die freie Erkenntnis der Versuchungen und die freiwillige Überwindung derselben an.

Jeder Mensch hat die Möglichkeit, seine Lebensaufgaben zu erkennen und den Weg zur Vollendung seiner Wesenheit zu beschreiten.

Jeder Mensch wird ständig von jenseitigen Geistwesen begleitet, sowohl von solchen, die ihm helfen wollen (Geistführer und Schutzgeister), als auch von solchen, die bestrebt sind, ihm Schaden zuzufügen.

Vom Verhalten des Menschen, von seinen Gedanken und Strebungen hängt es ab, ob die um Hilfe bemühten oder die übelwollenden Geistwesen den größeren Einfluß haben. Hilfen durch die Geistführer oder Schutzgeister werden nur gewährt nach vorangegangenen intensiven eigenen Bemühungen um die richtige Erkenntnis oder den richtigen Lebensweg.

Jenseitige Hilfen können z. B. in einer Inspiration, einer scheinbar zufälligen Begegnung, einem unerwarteten Gelingen eines Werkes bestehen. Sie dürfen jedoch nie die freie Willensentscheidung des Menschen bemerkbar beeinflussen.

Zwang darf von seiten der Geistführer oder Schutzgeister nicht ausgeübt werden.

Gott selbst achtet unbedingt den von ihm dem Menschen geschenkten freien Willen, denn in ihm liegt die Grundvoraussetzung, um das dem Menschen vorbehaltene Ziel höchster geistiger Freiheit und Selbständigkeit bei und in Gott im Zustand der Gotteskindschaft erreichen zu können.

Es gibt keine besseren, hilfsbereiteren und uneigennützigeren, zugleich aber auch im Sinne der göttlichen Gesetze strengeren Freunde als die Geistführer und Schutzgeister.

Jeder Mensch kann bei aufrichtigem und intensivem Bemühen seine Geistführer gedanklich befragen und inspirative Antworten erlangen.
Der direkte Gottesumgang, wie ihn Menschen aller Zeiten und Zonen gepflegt haben, sollte aber zum höchst erstrebenswerten Ziel des Menschenlebens werden.

Zum Abschluß ein Zitat aus »Die Haushaltung Gottes« Band I, Kapitel 1, 1–2 von Jakob Lorber:
»Wer mit Mir reden will, der komme zu Mir und Ich werde ihm die Antwort in sein Herz legen; jedoch die Reinen nur, deren Herz voll Demut ist, sollen den Ton Meiner Stimme vernehmen. Und wer Mich aller Welt vorzieht, Mich liebt wie eine Braut ihren Bräutigam, mit dem will Ich Arm in Arm wandeln. Er wird Mich allezeit schauen wie ein Bruder den anderen Bruder, und wie Ich ihn schaute schon von Ewigkeit her, ehe er noch war.«

Quellenangabe:

Die in den vorgenannten weltanschaulichen Thesen wiedergegebenen Aussagen sind den im Quellennachweis genannten medialen Schriften entnommen. Hierbei wurden nicht nur die im Teil B dieser Studie aufgeführten Kernsätze, sondern auch deren Kontexte zugrunde gelegt.

Quellennachweis

(1) Kant: Träume eines Geistersehers, erläutert durch die Träume der Metaphysik, 1766.
(2) Das Wort »Spiritualismus« wurde gewählt zur Abgrenzung der wissenschaftlich orientierten Richtung gegen den landläufigen »Spiritismus«.
(3) Emil Mattiesen: Das persönliche Überleben des Todes. 1936. Verlag De Gruyter, Berlin.
(4) Ernst Häckel: Wir werden leben, auch wenn wir sterben. 1978. Turm-Verlag, Bietigheim.
(5) H. Bender: Unser sechster Sinn. 1971. DVA, Stuttgart.
(6) H. Bender: Parapsychologie und Spiritismus. Zeitschrift f. Parapsychologie und Grenzgebiete der Psychologie. 1973.
(7) Kurt Eggenstein: Der unbekannte Prophet Jakob Lorber. Lorber Verlag, Bietigheim.
(8) Geistige Loge, Zürich: Botschaften aus dem Jenseits. 1976.
(9) Zeitschrift: Geistige Welt, Verlag A. Brunner, Zürich.
(10) Karl Nowotny: Mediale Schriften. 1972. Reichl Verlag, Remagen.
(11) Alfred Stelter: PSI-Heilung. Scherz-Verlag, München.
(12) Hans Naegeli-Osjord: Die Logurgie in den Philippinen. 1977. Reichl Verlag, Remagen.
(13) Harry Edwards: Praxis der Geistheilung. 1976. Bauer Verlag, Freiburg.
(14) Wickland: 30 Jahre unter Toten. Reichl Verlag, Remagen.
(15) Emanuel Swedenborg: Himmel und Hölle. Swedenborg Verlag, Zürich.
(16) Robert James Lees: Reise in die Unsterblichkeit. 1971. Drei-Eichen-Verlag, München.
(17) Bernhard Forsboom: Das Buch Emanuel. Drei-Eichen-Verlag, München.
(18) Johannes Greber: Der Verkehr mit der Geisterwelt Gottes. 1975. Verlag Geistige Loge, Zürich.
(19) Leopold Engel: Im Jenseits. 1949. Lorber Verlag, Bietigheim.
(20) Paramahansa Yogananda: Autobiographie eines Yogi. 1971. O. W. Barth Verlag.
(21) Jakob Lorber: Das Große Evangelium Johannes, 10 Bände. 1930. Lorber Verlag, Bietigheim.
(22) Geistige Loge, Zürich: Lene-Meditationen.

(23) Jakob Lorber: Die Geistige Sonne, 2 Bände. Lorber Verlag, Bietigheim.
(24) Jakob Lorber: Bischof Martin. Lorber Verlag, Bietigheim.
(25) Ian Stevenson: Reinkarnation. 1976. Aurum Verlag, Freiburg.
(26) Jakob Lorber: Erde und Mond. Lorber Verlag, Bietigheim.
(27) Jakob Lorber: Himmelsgaben, 2 Bände. Lorber Verlag, Bietigheim.
(28) Burkhard Heim: Elementarstrukturen der Materie. 1980. Resch Verlag, Innsbruck.

FRANZ DEML

Das ewige Evangelium des Geistzeitalters

Es mußten erst Jahrhunderte vergehen, ehe durch den größten Propheten der christlichen Ära, Jakob Lorber (1800–1864) das Gotteswort in seiner ganzen Fülle an die Menschheit gelangte. Dieses »Ewige Evangelium« stellt zweifellos die Erfüllung alles dessen dar, was Jesus im biblischen Evangelium Johannes (Kap. 6, 12–14) seinen Aposteln und Jüngern verheißen hatte.

In bewundernswerter Weise ist es dem Verfasser mit dem vorliegenden Werk gelungen, die umfassende Schau, wie sie das Neuoffenbarungswerk bietet – sowohl den naturmäßigen wie den geistigen Aufbau der Schöpfung, Diesseits und Jenseits, Gott, Mensch und Welt und die gesamte Heilsgeschichte zusammenfassend –, in ein theologisches System zu bringen nach der Art der »Summa Theologiae« des Thomas von Aquin.

Theologie der Zukunft auf prophetischer Grundlage!

Band I

CHRISTOLOGIE

Band II

KOSMOLOGIE UND KOSMOGONIE
ANTHROPOLOGIE
THEOLOGIE UND PROPHETIE
DAS ENDZEITGESCHEHEN IN PROPHETISCHER SCHAU
ESCHATOLOGIE – JENSEITSKUNDE

FRANZ DEML

Was die Christen wirklich eint

Das Apostolische Glaubensbekenntnis im Lichte der Neuoffenbarung

(in Vorbereitung)

WERKE JAKOB LORBERS

Das große Evangelium Johannes

11 Bände

Nach der Verheißung Joh. 14, 26 eine genaue Schilderung der Lehrtätigkeit des Herrn. Die Geheimnisse der Person Jesu und seiner Lehre sind in diesem monumentalen Werk enthüllt. Es vermittelt nie gekannte Einsichten in alle Fragen über Gott, Schöpfung, Lebenssinn und Ewigkeit.

Die Haushaltung Gottes

Urgeschichte der Menschheit

3 Bände

Neben dem Großen Evangelium das bedeutendste Werk der Neuoffenbarung. Es behandelt die wichtigsten Fragen allen religiösen Denkens: das Wesen Gottes, die Urschöpfung der Geisterwelt, die Entstehung der materiellen Welten, die Erschaffung des Menschengeschlechtes und die Urgeschichte der Menschheit bis zur vorderasiatischen Erdkatastrophe, der Sintflut.

Die Jugend Jesu

Es handelt sich hier um das vollständige Jakobus-Evangelium, das auf der im 4. Jh. von den Kirchenvätern vorgenommenen Feststellung der kirchengebräuchlichen Schriften als unsicheren Ursprungs in den Bibelkanon nicht mehr aufgenommen wurde und sich nur noch in Bruchstükken erhielt.

Die geistige Sonne

2 Bände

Das große Lehrwerk von den Zuständen des Jenseits.

Von der Hölle bis zum Himmel

2 Bände

Dieses Werk schildert die jenseitige Führung des Freiheitskämpfers Robert Blum. Es zeugt ebenso von der Unsterblichkeit des Menschengeistes wie von der Größe eines göttlichen Schöpfungsplanes, der eine stets höhere Lebensoffenbarung des Geschöpfes Mensch bis zur Vollendung zum wahren »Ebenbild Gottes« vorsieht.

Erde und Mond

Dieses Werk sagt über unseren Planeten und seine innere Gestaltung völlig Neuartiges aus. Die Erde offenbart sich hier als ein kosmischer Körper, in dem es nichts Totes, Unbelebtes gibt.

WERKE JAKOB LORBERS

Die natürliche Sonne

Die alte Lehre von der feuerflüssigen Gestalt der Sonne erweist sich in diesem Werk als Irrtum und wird durch eine sinnvolle Erklärung vom Wesen des Lichts und seiner Kräfte ersetzt.

Walter Lutz

Die Grundfragen des Lebens

Ein ausführlicher Kommentar zum Gesamtwerk Jakob Lorbers.

650 Seiten

Walter Lutz

Neuoffenbarung

Christliche Erkenntnisse am Aufgang zum dritten Jahrtausend. Das große Nachschlagewerk mit den wichtigsten Originaltexten aus der Neuoffenbarung.

3 Bände mit je 300 Seiten

Eine Buchreihe, die aus dem 25bändigen Werk Jakob Lorbers bestimmte Teilgebiete in gedrängter Form zusammenfaßt.

Hrsg. Viktor Mohr

Band I – Geistige Anatomie des Menschen

65 Seiten

Band II/III – Der Kosmos in geistiger Schau

Dem naturwissenschaftlichen Weltbild der Astronomie steht hier ein geistig geschautes Bild des Weltalls gegenüber.

109 Seiten

Band IV – Licht und Ton, geistige Elemente

72 Seiten

Band V – Vom inneren Wesen der Naturkräfte

Wahre Naturerkenntnis – Was ist Materie? – Geist, Kraft, Stoff – Das dritte Reich der Natur u. a.

84 Seiten